Sea Transformado

Por el Espíritu del Dios viviente

Estudios bíblicos contemporáneos para adultos centrados en los temas importantes de la vida.

Propio para hombres y mujeres
Para estudio individual o en grupo

Sharon Dutra

Traducción: Max Osegueda

SEA TRANSFORMADO
Por el Espíritu del Dios viviente
Sharon Dutra

Impreso en EEUU

ISBN 978-0692464007

This book is also available in English from Amazon.com

ISBN 9781479188710

DEDICACIÓN

El autor de un libro normalmente recibe todo el crédito por escribirlo, pero hay muchas otras personas que hacen que el producto final sea todo un éxito. Quiero darle mi más sincero agradecimiento a Max Osegueda y a otros por su trabajo y dedicación en la producción de este manuscrito. Quiero dedicarle esta versión en español de *Sea Transformado* a la gente linda y amable que he conocido en Guadalupe, California. Nunca olvidaré las amistades que formé con Erika Lemus, Sandra Castro, Norma Cuevas, Jennifer Gerónimo, Tino Medina, Frank Clark, Rosie Padrón, Samantha Segovia, Jesely Álvarez, Martina Guerrero, Angelina Tapia, Lourdes Ramirez, Anita Flores, Abby Pérez, Gabriel Solorio, Felipa Rocha, Lourdes Guerrero, Úrsula Guerrero, Perla Garcia, George Costa, Patricia Rodriguez, Martina Guerrero, Gene y Enietra Costa.

Hay muchas otras personas que están en mi corazón cuyos nombres son demasiado numerosos para enumerarlos aquí. Espero que muchas almas lleguen a conocer el amor y el poder de Dios a través de este libro. Gracias y que el Señor Jesucristo los bendiga ricamente a todos.

Finalmente, quiero también dedicarles este libro a los excelentes estudiantes de la escuela primaria Mary Buren y de la escuela secundaria McKenzie quienes me han robado el corazón para siempre. Ha sido un privilegio conocerlos y servirles. Ruego para que acepten a Jesucristo en sus vidas mientras son jóvenes, porque Él es el único que puede satisfacer los deseos de su alma.

Su Enfermera Sharon ☺

CONTENIDO

PRÓLOGO

Sobre la autora

Hace veintidós años, yo no tenía hogar, vivía en la calle y sobrevivía con el alma en un hilo. Era profundamente infeliz y pensaba que el quitarme la vida era la única manera de aliviar el sufrimiento de mi alma. Pero Dios tenía otros planes para mí. De una vida de drogadicción desamparo, aislamiento y el odio a mí misma, Jesucristo me transformó completamente. Él me dio fuerza, visión, poder y vida. Él realmente restauró todos los años de mi vida que la langosta devoró (Joel 2:25).

Palabras de mi Pastor

La Palabra de Dios es "viva y poderosa" (Hebreos 4:12). El evangelio es "el poder de Dios en acción para salvar" (Romanos 1:16). Somos santificados por medio de la Palabra de Dios (Juan 17:17). Aunque la Palabra es suficiente para que el Espíritu Santo obre en nosotros, Dios usa predicadores para predicar y maestros para enseñar. Este trabajo de parte del Señor es un alto y santo llamamiento al que no debes responder ligeramente (Santiago 3:1). Sin embargo, cuando el Señor llama a alguien y lo dota para enseñar, él o ella debe responder. Y ¡cómo ha respondido Sharon!

Desde que fue rescatada y redimida por Jesús, Sharon ha tenido un asombroso ministerio enseñando la Palabra de Dios a las mujeres, en particular, aquellas que batallan con comportamientos controladores, abuso de todo tipo y niveles de quebranto que realmente solo el Señor puede reparar. Los estudios en este libro nacen de experiencias reales de la vida de la autora y en el campo de una batalla (hablando espiritualmente) de seis años a través de varias discusiones en un grupo pequeño.

La manera en que Sharon ministra la Palabra es muy eficaz. Los domingos por la mañana cuando miro a nuestra congregación veo a alguien que fue drogadicta y ahora es maestra de escuela dominical. Una que ahora es estudiante universitaria completando sus estudios y veo a otra que ahora respeta y ama a su esposo y a sus hijos; y una que está por terminar su rehabilitación y otra que está amando a su esposo no-creyente para que llegue a conocer al Señor. Podría seguir con muchas más. Qué Dios te bendiga y te santifique con la ayuda de estos estudios de la Palabra que Sharon escribió.

Mike Gunderson, Pastor de la iglesia Oak Park Christian

<u>¿A qué audiencia está dirigido este libro</u>?

Primero quiero aclarar que no necesitas ser cristiano para leer este libro. La razón por la cual empecé este libro temático fue porque todos en esta vida lidiamos con algún tipo de problema. Muchas personas tienen antecedentes de abuso y adicción y algunos han vivido sin sufrir muchas tragedias. Pero todos tenemos ciertas actitudes que afectan nuestras vidas. No es raro que tarde o temprano la mayoría de nosotros tengamos que lidiar con el egoísmo, la envidia, la ansiedad, el temor al compromiso, la culpa o el perdón. Por lo tanto, este libro puede ser usado por todos. Sin embargo, sí está basado en Cristo, porque en Él he cimentado mi vida. Antes de darle mi vida a Jesús, yo había tratado <u>todo</u> lo posible para embotar mi dolor. Me esforcé tanto por arreglar mi vida pero fracasé miserablemente. Pero una vez que le rendí mi vida entera al Señor por medio de una relación íntima, mi vida empezó a cambiar y a florecer de una manera que nunca hubiera podido imaginar.

Esta vida es posible para **todos**. Jesús murió por todo el mundo, y Él quiere que **todos** sintamos Su amor, paz, gozo, esperanza y vida eterna. Todo esto es nuestro si estamos dispuestos a entregarle nuestra vida a Él.

<u>Sobre el libro</u>

Esta colección de estudios bíblicos llevó 6 años en realizarse. Comencé a escribirlos para llenar una necesidad en mi grupo nuevo de estudio bíblico para mujeres. Éramos una mezcla de mujeres muy diferentes. Por un lado, había mujeres que fueron adictas y víctimas de abuso. Por otro lado, había otras en nuestro grupo que fueron cristianas toda su vida. Y algunas que vinieron a nuestro grupo simplemente buscando la Verdad.

Busqué detenida y cuidadosamente algún material cristiano que sirviera para poder ayudar a este grupo tan diverso. Yo sabía que estas mujeres necesitaban a Jesús de una manera penetrante y genuina. Yo quería algo que realmente cambiara sus vidas. Pero no logré encontrar algo que fuera perfecto para mi grupo especial, así que empecé a escribir mis propios estudios.

¡Buenísimo para hombres también!

Mi esposo también guía un grupo de hombres. Una noche él iba apurado y no tenía material de estudio. De mala gana me preguntó si podía usar uno de mis estudios esa noche. Le dio tan buen resultado que los empezó a usar regularmente en su grupo de estudio bíblico. Después le mandamos una copia a un amigo que estaba encarcelado, y él la usó para ayudarle a otros hombres a aprender más de Jesús. No estábamos seguros si el material funcionaría con los hombres, pero ahora sabemos que funciona para toda persona que quiere tratar los problemas en su vida que les impide conocer y servir al Señor Jesucristo de una forma más genuina y comprometedora.

Cómo conducimos nuestros estudios en grupo

Empezamos cada estudio con oración ya que es lo más importante. Le pedimos a Dios que perdone nuestros pecados y que despeje nuestras mentes de todo lo que pudiera impedir que el Espíritu nos ilumine con Su verdad. Le pedimos a Dios que sea el verdadero maestro y que enseñe, guíe y dirija nuestra clase. Después nos turnamos en leer un párrafo en voz alta. Se permiten preguntas en todo momento, y a menudo detengo la lectura del texto para recalcar o explicar el material.

Usamos La Nueva Traducción Viviente porque es la Biblia más fácil de entender que también es fiel al texto original. Buscamos todos los versículos que se encuentran en el texto y platicamos sobre cómo esto se relaciona con nuestras vidas. Muchas veces pasamos varias semanas en una lección porque ampliamos el material y compartimos nuestros pensamientos, las luchas y las victorias.

Líderes o moderadores

Si eres el líder del grupo, es una buena idea familiarizarte con el material de antemano. Puedes usar estos estudios como base para tus propias lecciones o puedes dirigir el grupo mientras estudian la lección.

Muchas veces uso solamente una línea del párrafo de las Escrituras; lo hago a propósito y no es para usar la idea fuera del contexto en el que fue escrita. Pero a veces un verso, en particular, expresa perfectamente el punto que quiero hacer. Por supuesto que tú y tu grupo pueden leer el pasaje completo antes y después del texto que yo he escogido, tal como los guíe el Espíritu.

Cómo usar este libro

Quiero aclarar que hay conceptos en cada estudio que podrían parecer repetitivos. Esto es intencional. Por experiencia propia, me he dado cuenta de que la mayoría de las personas aprenden mejor cuando escuchan la información repetidamente y en distintas formas. Hay un hilo que se encuentra por todo el libro el cual realza la necesidad que tenemos de Cristo, los pasos que debemos dar para tener una relación íntima con Él y los beneficios que nos permitirán vivir una vida cristiana victoriosa. A menudo oirán las palabras ¡paz, gozo, poder y esperanza!

Hay mucho material en estos estudios que te hará pensar. Es mejor si te concentras en unas cuantas secciones a la vez para reflexionar y discutir los temas a fondo. Si te apresuras, no lograrás comprender las verdades profundas que se encuentran en ellas.

Al final de cada capítulo hay unas preguntas bajo el titulo, "Reflexión". No hay respuestas correctas o incorrectas pero muchas de las preguntas tratan algo que se encuentra en el texto. También encontrarás una página en blanco para que anotes tus pensamientos.

Encontrarás el nombre completo en todas las citas bíblicas en lugar de un punto y coma. Por ejemplo, Mateo 12:11 y Mateo 14:10 en lugar de Mateo 12:11; 14:10. Esto es intencional. Algunas personas nunca han leído la Biblia y no saben cómo buscar los versículos. También he usado lenguaje simple para que todos puedan entender. Pero también he usado algunas palabras más difíciles ¡para que las personas mejoren su vocabulario!

Una nota para los que leen el libro individualmente

Estos estudios los hice fácil de leer y de consultar porque no tendrás un grupo para hacer preguntas o para compartir tu conocimiento. Conforme leas las secciones, a tu propio paso, aprenderás mucho de tu persona

• Este punto que encontrarás en todos los estudios es una señal para que tomes unos momentos para reflexionar, platicar y/o anotar tus pensamientos y tus sentimientos acerca de las preguntas.

Cuando uso la palabra "mundo" me refiero a aquellas personas que no se identifican con la fe cristiana. Esto también incluye el "sistema del mundo", el cual acepta valores, pensamientos y costumbres que no concuerdan con las Escrituras.

Te agradecería mucho si compartes este libro con tu pastor o los líderes de los grupos de hombres y de mujeres en tu iglesia.

Debido a los años de trabajo que nos tomó preparar estos estudios, no quiero que este libro se vuelva a imprimir o se copie. Solamente si se <u>venden</u> suficientes libros podremos hacer un segundo libro y tener más estudios disponibles para ti y para los demás. Por favor ayúdame con esto y NO copies el libro, más bien cómpralo y dile a tus amistades cómo comprar el libro.

Si quieres comprar otro libro o enviar algún comentario, por favor visita el sitio:

Betransformedministries.com o búscanos en Facebook en
facebook.com/betransformedministries
O por correo electrónico: betransformed@betransformedministries.com
Y finalmente, también me puedes escribir a la siguiente dirección
Sharon Dutra
P.O. Box 597
Grover Beach, CA 93433

¡Gracias por tu interés en mi trabajo! Le pido a Dios que estreche tu relación con Él y así tendrás más fuerza y comprensión en tu caminar con Jesús. Esto te ayudará a tomar mejores decisiones en tu vida cristiana.

sharon

CAPÍTULO 1

LA ANSIEDAD

"La preocupación nos inmoviliza; el interés nos motiva a tomar una acción positiva y productiva."

La ansiedad se define como "una inquietud dolorosa o aprensiva causada por un mal inminente o previsto". También es una "expectativa temerosa".

La ansiedad, la depresión, la soledad y los trastornos siquiátricos abundan en nuestra sociedad. Los hospitales, las cárceles y las instituciones de salud mental están llenas de gente que vive con temor. Hay más medicamentos para estos males que en cualquier otra época en la historia. A pesar de todos los avances en la tecnología, la ciencia y la medicina, ahora nos encontramos más debilitados emocional, mental y espiritualmente. Si consideramos nuestro ambiente, es posible que pienses que vivimos en el período en la historia más cargado de ansiedad. Pero el ser humano siempre ha tenido problemas con el temor, y la Biblia está llena de escrituras en las cuales Dios anima a Su gente a no tener miedo. Los personajes de la Biblia estaban acostumbrados a la persecución, el hambre, las guerras y enorme sufrimiento.

Nuestro Señor misericordioso sabía que solo con Su ayuda podríamos vencer nuestros temores y ansiedades, por eso nos habla de estas emociones frecuentemente en Su Palabra. Aunque parezca que vivimos en un periodo en el que se está perdiendo el control, la Palabra de Dios es la misma para todas las generaciones, en todos los tiempos. Él sabía que viviríamos en el siglo veintiuno, y aun nos dice lo mismo: No temas.

Si tú eres alguien que vive angustiado por tus temores, hay una esperanza verdadera para ti. Si te has sentido derrotado por no poder dejar de preocuparte o por estar ansioso, sí hay una solución. La respuesta a todos tus problemas es Jesús, porque Él es el único perfectamente capaz de cuidarte y ofrecerte la paz verdadera que perdura.

¿De dónde viene nuestro temor?

Antes de empezar nuestra lección, quiero aclarar que hay algunos individuos que viven con temores como resultado de una psicosis. Es muy probable que necesiten terapia y medicamentos. Pero para la mayoría de las personas que padecen de temores y de ansiedad, el problema se manifiesta por la falta de una estrecha relación espiritual con Dios. Aun personas que han sido cristianas por mucho tiempo pueden perder esa intimidad con el Señor, y por lo tanto, padecen de una gran angustia emocional. La verdad es que si regularmente padecemos de temor o ansiedad, una gran parte de eso es por no confiar completamente en nuestro Señor.

Esto definitivamente no significa que somos malos cristianos, pero sí que tenemos que hacer unos cambios en nuestras vidas para que las siguientes escrituras se hagan realidad para nosotros. El Salmo 34:4 dice "Oré al Señor, y él me respondió; me libro de todos mis temores". Y "El Señor es quien me ayuda, por tanto, no temeré. ¿Qué me puede hacer un simple mortal?" (Hebreos 13:6). Podemos ver en estos versos que si entregamos más de nuestras vidas al Señor, padeceremos menos de esos temores debilitantes.

Otra causa común de la ansiedad es nuestra obsesión con concentrarnos en nosotros mismos. Esta tendencia no es fácil de dominar porque como seres humanos, naturalmente somos egoístas. ¡Pregúntale a cualquier niño de 2 años! Nadie les enseña a decir "mío"—lo hacen automáticamente. Esta es la naturaleza del pecado con la cual nacemos (Gálatas 5:24; Efesios 2:3; y Colosenses 3:5). Y no solamente estamos predispuestos al egoísmo, pero ¡nuestra sociedad lo promueve! Somos bombardeados diariamente con mensajes tales como: "Acumula todo lo que puedas"; "Busca lo que te conviene—nadie lo hará por ti"; "El primero soy yo". Somos criados con esta mentalidad y las compañías gastan cantidades en publicidad para satisfacer esta característica.

Pero esta actitud egocéntrica nos lleva a la inseguridad porque no fuimos creados para ser autosuficientes. Dios nos creo para que le busquemos para nuestra provisión, entonces, cuando tratamos de satisfacer nuestras necesidades sin Su ayuda, nos sentimos inquietos y frustrados (Salmos 37:3-5 y Proverbios 3:5-6). Piensa en la última vez que te obsesionaste con un evento en tu vida. ¿Te sentiste mejor después de preocuparte tanto? ¿Cambió tu ansiedad el resultado de tus circunstancias? Probablemente no. La verdad es que cuando nos concentramos en nosotros mismos, nuestros problemas y las cosas que aun no han sucedido, nos convertimos en esclavos del temor. Y en realidad, la mayoría de las cosas que tememos NUNCA llegan a suceder.

¡No me culpes a **mí**!

La mayoría de la gente no se da cuenta de que el no aceptar la responsabilidad de sus acciones crea ansiedad. Hasta cierto punto, todos sabemos cuando hemos hecho algo malo. Cuando culpamos a los demás por nuestras fallas solo retrasamos las consecuencias que sabemos que merecemos. Es el mismo concepto de alguien que comete un delito y no es capturado al momento. Se sienten culpables y constantemente se cuidan la espalda pensando en cuando los descubrirán. Lo más probable es que no se sentirán completamente tranquilos hasta que confiesen su delito o los atrapen.

Interesantemente, esto de culpar a otra persona empezó cuando Adán y Eva comenzaron acusándose el uno al otro, a Dios y al diablo por su pecado (Génesis 3:1-13). Ninguno de ellos quería aceptar las consecuencias por la parte que jugaron en la ruina de sus vidas. Antes vivíamos en una sociedad en la que a nuestros padres, maestros y vecinos no solo se les permitía señalar nuestro pecado si no que se esperaba que lo hicieran. Había una vergüenza sana en las comunidades que eficazmente restringían el comportamiento de la gente.

Pero ahora hemos llegado a tal punto que no podemos ni siquiera sugerir que alguien se está comportando mal porque dirán que somos "cerrados de mente", "malos" o "intolerantes". Nos hemos convertido en personas que no se atreven a defender la rectitud. Seguido nos encontramos con aquellos que nos dicen: "No me digas nada que me haga sentir culpable por la forma en que vivo. Es mi vida y la viviré como yo quiera". Pero si nos fijamos bien, veremos que muchos de estos individuos son muy infelices.

Existe aun otro problema que aumenta nuestros temores—estamos muy consentidos. Tratamos de ser felices al entretenernos con el dinero, el sexo, el poder, las cosas materiales, el abuso de substancias y otras cosas. Nos horroriza la idea de simplificar nuestra vida o de regalar lo que tenemos porque no queremos vivir sin nuestras comodidades. Detestamos la idea de la disciplina, de negar los deseos de la carne, o de dar los pasos necesarios para cultivar una relación estrecha con Dios. Lo triste es que como resultado de nuestro egoísmo y nuestros caprichos, perdemos el derecho a los dones de Dios, el amor, la paz, el gozo y la esperanza.

Dios no nos creó para quedarnos cruzados de brazos consumidos por nuestras pasiones. Fuimos creados para tener una relación con Él y para depender los unos de los otros. Cuando vivimos aislados y pensamos que la persona más importante siempre "soy yo", entonces no funcionamos como deberíamos (Santiago 3:13-16). De hecho, la única manera de tener paz duradera es entregándonos a Dios y permitir que Él haga lo que quiera con nuestras vidas. Solamente cuando dejamos de pensar en nosotros mismos y entregamos nuestras vidas por los demás sentiremos la satisfacción verdadera. Solo la decisión consciente y decisiva de poner a Dios primero en nuestras vidas nos librará del temor causado por vivir por nuestra propia cuenta y para nosotros mismos (Filipenses 4:6-7).

• Detente aquí y anota tres formas que la actitud "yo primero" ha dañado nuestra sociedad.

• Piensa en tres formas en las que tu propio egoísmo pudo haber dañado tu vida.

<u>¿Cómo me sobrepongo a esta terrible ansiedad</u>?

No todos los que tienen problemas de ansiedad son completamente egoístas. Pero Jesús enseñó que lo que realmente satisface es poner a otros primero (Mateo 20:27). Fuimos creados para servir a Dios y para llevar a otros hacia Él. Servir a otros menos afortunados cumple con nuestro deber cristiano (Santiago 1:27). El cuidar a los demás le quita la atención a nuestras circunstancias y nos permite reconocer las bendiciones que hemos recibido. Esto nos alivia grandemente el estrés y la preocupación.

A menudo le damos mucha importancia a las cosas que no tienen valor eterno, lo cual nos causa más estrés en nuestras vidas. Las personas más alegres que conozco, son las que confían en el Señor para sus provisiones y se preocupan por servir a otros para llevar a cabo el propósito de Dios. ¡Están centradas en la eternidad! Cuando nos preocupamos, sacamos a Dios de nuestras vidas porque estamos tratando de tomar el control de cosas que solo Dios puede controlar. Si concentramos nuestros esfuerzos en avanzar el reino de Dios, rebajaremos grandemente el nivel del estrés.

Jesús habló de lo importante que es el no preocuparse (Mateo 6:25-34). Él sabía que nuestros pensamientos ansiosos serían un problema debilitante en nuestras vidas. Actitudes y pensamientos negativos nos roban el gozo y sofocan nuestras relaciones. Aunque <u>sí</u> necesitamos ser prácticos en este mundo, se nos manda a meditar sobre las cosas que son verdaderas, honorables, justas, puras y bellas (Filipenses 4:8). La gran noticia es que tenemos el secreto que Dios nos dio para vencer nuestros temores, el cual es ¡buscar Su reino *por encima de todo los demás*! Él se encarga de lo demás.

• Una preocupación que muchos tienen es que no tendrán para sus necesidades. Pero hazte esta pregunta: ¿Cuándo fue la última vez que pasaste hambre o que no tuviste una cama donde dormir o un techo sobre tu cabeza? Piensa en 3 situaciones en las que te preocupaste pero Dios proveyó lo que necesitabas.

• ¿Qué quiere decir la Biblia cuando dice que busquemos Su reino por encima de todo lo demás?

• ¿Qué cosas prácticas puedes hacer en tu vida para buscar primero el reino de Dios?

<u>¿Te estás escondiendo?</u>

Un aspecto de la preocupación que a menudo se pasa por alto es que la preocupación puede ser una excusa para no asumir la responsabilidad de las cosas que Dios nos ha mandado a hacer. A veces nos sentimos cómodos al estar estresados. Nuestra familia y amigos se dan cuenta cuando empezamos a sentir que "ya no podemos más". Los hemos "entrenado", sin pensarlo, a que vengan al rescate. Sabemos que nos librarán de la responsabilidad de nuestros problemas, porque ellos se harán cargo. Así es como usamos nuestra ansiedad para "escondernos".

Este comportamiento puede sonar ridículo, pero muchas veces escogemos lo viejo por conocido en lugar de hacer el esfuerzo por cambiar. Por esta razón, hasta seguimos en relaciones malsanas. Sin embargo, cuando continuamos con estas viejas costumbres en nuestras relaciones, literalmente desperdiciamos nuestras vidas porque cuando actuamos así, nadie se beneficia. Dios no puede llevar a cabo Su plan en nosotros cuando estamos ensimismados y nunca podremos gozar la vida llena de entusiasmo que Dios tiene para nosotros si no dejamos nuestra naturaleza vieja (Efesios 4:20-24).

Muchos cristianos dicen, "yo confió en Dios totalmente, con todo mi corazón". Pero una tan sola experiencia devastadora revela el verdadero grado de confianza. Muchas veces, las dificultades hacen que la gente se desanime. Pierden el rumbo y la esperanza en sus vidas. La verdad es que si seguimos permitiendo que las situaciones nos dominen, entonces, realmente, no estamos siguiendo los caminos de Dios (Santiago 1:5-8).

Obviamente, nunca estaremos libres de problemas. Pero aun en nuestro dolor y confusión, podemos demostrar que Dios tiene poder sobre nuestras vidas.
Aun en medio de la decadencia social, política y financiera que vemos en nuestra nación, sí podemos recibir amor, gozo, paz, paciencia, bondad, amabilidad, fidelidad, humildad y dominio propio del Señor. Él lo promete y Su Espíritu Santo seguramente lo provee (Gálatas 5:22-23).

Consecuencias negativas de la ansiedad

Ansiedad:

> Daña tu salud
> Reduce la productividad para el reino de Dios
> Afecta negativamente la forma en que tratas a los demás
> Y reduce tu habilidad de confiar en Dios

• Contesta cada pregunta detalladamente:

-¿Te encuentras ahora en una situación que esté probando el grado de tu fe?
-¿Estás usando las herramientas de Dios para manejar la situación o estás
   tratando de pelear la batalla con tus propias fuerzas?
-¿Percibes el fruto del Espíritu o estás temeroso, tenso e inseguro?
-¿Tienes problemas de salud como resultado de tus temores y preocupaciones?
-¿Te puedes concentrar en ayudar a otros?
-¿Tienes problemas en tus relaciones por causa de tus temores?

¡Hay esperanza!

Entrenar nuestras mentes para permanecer firmes en la verdad de Dios es el camino a la libertad. Puedes imprimir el siguiente párrafo y ponerlo en tu auto, tu espejo y llevarlo contigo dondequiera que vayas. Si quieres disminuir tu ansiedad DEBES tener en mente la verdad de Dios y la perspectiva que Él tiene de tu vida.

Nuestro Dios es el Dios de *¡lo imposible!* Él hizo los cielos y la tierra. Él es el ÚNICO en el universo que es estable, inalterable, fiel y confiable. Él mantiene el universo bajo su control completo y tiene toda la eternidad, incluso todos los segundos de mi vida, ante Sus ojos en todo momento. Él es CAPAZ de protegerme. ¡Él ESTÁ DISPUESTO a salvarme y a dirigir mi vida! Él vino a vivir dentro de mí para que yo no estuviera solo.

¿Qué parte de mi vida creo yo que Él no puede manejar? ☺

Entonces, ¿qué debemos hacer si no es controlar el mundo?

Conforme examinamos nuestros valores y prioridades, empezamos a darle luz a nuestros temores. Nuestros valores son aquellos a los que les damos mayor importancia en nuestras vidas. Una de nuestras responsabilidades como cristianos es de llenar nuestras mentes con los pensamientos y deseos de Dios. Necesitamos tomar Su carácter como nuestro molde y llenar nuestros pensamientos con **Su** forma de pensar (Romanos 12:2). Necesitamos discernir Su voluntad para nuestras vidas por medio de Su Palabra, Su Espíritu y Su gente. Esta es la única forma en que nuestras vidas estarán libres de ansiedades abrumadoras.

Es asombroso que nosotros como seres humanos continuemos poniendo nuestra confianza en nuestra propia sabiduría y en este mundo temporal, cambiante y falso. Pero si solo nos valoramos a nosotros mismos y a lo que podemos hacer, nos sentiremos inseguros, porque por instinto sabemos que los seres humanos somos inestables e impredecibles. Necesitamos reconocer que la gente y las circunstancias cambian a diario. Si edificamos nuestras vidas sobre estas circunstancias cambiantes, Jesús dice que es como construir una casa sobre la arena (Mateo 7:21-27). Nada en el mundo es seguro e inalterable más que solo Dios. Centrarnos en las cosas que conciernen a nuestro Señor nos trae estabilidad mental, emocional, relacional y hasta estabilidad física.

Como cristianos, se nos manda a tratar nuestros problemas en una forma piadosa y a hacer morir las acciones de la naturaleza pecaminosa (Romanos 8:13). Dios *quiere* que dependamos de Él ¡toda la vida! Por supuesto que confiar en el Señor no quiere decir "O, por pensar tanto en Jesús se me olvidó pagar mis cuentas o, a Jesús no le importa mi mala actitud porque Él me ama de todos modos". Necesitamos ser disciplinados para dar pasos que nos llevan hacia Dios. Jesús no nos bendice sino hacemos nada y nos sentamos a esperar toda la vida a que Él nos atienda. Pero cuando nos aferramos a Él, **promete** cuidarnos.

Además, debemos tener cuidado con lo que vemos, lo que leemos y lo que escuchamos. Cuando permitimos que nuestras mentes se concentren en periódicos que promueven el temor y en los medios de difusión que promueven la inmoralidad, estamos llenando nuestras mentes de MENTIRAS descaradas y engaño. Vivimos *en* el mundo pero no formamos parte de él (Juan 15:19). Por eso es esencial que centremos nuestras mentes en la Palabra de Dios y aceptemos los consejos de fuentes piadosas. Ya sabemos por experiencia propia que nuestra manera y los métodos del mundo simplemente ¡no funcionan!

Encontraremos la paz que buscamos solamente cuando concentremos nuestros pensamientos en el Señor y confiemos en que Él se encargará de todas las incertidumbres en nuestras vidas (Isaías 26:3-4). Entre más nos esforcemos por conocerlo, mejor entenderemos Su carácter; y llegaremos a saber, sin lugar a duda, que Él es confiable. Notaremos que entre más nos concentremos en Él, mayor será el nivel de sabiduría sobrenatural, discernimiento y conocimiento que Él nos da para llevar a cabo Sus deseos. Él nos dará el poder para hacer morir los deseos carnales, para que podamos vivir en obediencia a Sus mandamientos. Esta es la clave del corazón del Padre. Su Espíritu Santo vendrá para ayudarnos a resolver nuestros problemas (Proverbios 3:5-6 y 20:24). Como cristianos, nos daremos cuenta de que ¡nada en esta vida nos traerá más gozo y satisfacción que cuando agradamos a nuestro Maestro! Esta es una gran manera de disminuir nuestra ansiedad.

• ¿Cuándo fue la última vez que oraste por una hora, leíste la Biblia por más de treinta minutos, ayunaste, lloraste por tus pecados o por la perdición de tu familia o amigos ?

Las respuestas a estas preguntas revelarán cuan concentrado estás en tu propia persona, lo cual directamente afecta tu grado de ansiedad.

<u>Nuestros valores determinan nuestro enfoque en la vida</u>

Ya que los valores se encuentran en el corazón y la mente, a veces es difícil definirlos. Una manera sencilla de determinar nuestros valores es observando nuestras acciones. Sabremos lo que valoramos si observamos lo siguiente:

1. ¿A qué le dedicas tiempo en tus pensamientos?
2. ¿En qué gastas tu dinero?
3. ¿Qué haces con tu tiempo?
4. ¿Cómo usas tus talentos?

• Haz una columna para cada uno de estos valores. Luego, escribe tus 4 respuestas en cada columna. . ¡Sé sincero! Esto te ayudará a ver claramente tus prioridades en la vida.

<u>¿Por qué tenemos pruebas?</u>

Todos pasamos por tiempos de incertidumbre. A veces decimos, "yo pensé que Dios me amaba y prometió estar conmigo. Entonces, ¿por qué estoy pasando por tantas dificultades?" Muchas veces dudamos la sabiduría de Dios, pero el verdadero problema es que malentendemos a Dios. Pensamos que ya que Él tiene el poder de hacer lo que quiera, él debería sacarnos de esa situación y hacernos feliz. Pero al contrario, Él nunca prometió que nuestra vida sería color de rosa (Mateo 5:11-12; 10:16-39 y Juan 15:18-27). Aunque tenemos la esperanza del cielo en nuestros corazones, esta existencia perfecta no ocurrirá mientras vivamos en nuestros cuerpos físicos. Mientras tanto, Dios puede usar las circunstancias difíciles en nuestras vidas porque:

1. Estas afirman nuestra dependencia de Dios al mantenernos humildes. Considera que si pudiéramos manejar la vida por nuestra cuenta, ¿qué necesidad tendríamos de un Salvador?
2. Los tiempos difíciles nos acercan a Él (si lo permitimos).
3. Las pruebas (conforme dependemos de Él) son nuestro testimonio a los demás que están luchando en tiempos difíciles.
4. Por medio de nuestras pruebas desarrollamos fuerza y compasión para poder ayudar a los demás cuando ellos pasen por pruebas (2 Corintios 1:3-4)

Esta es la diferencia entre el inconverso y el cristiano

Tenemos un Dios en el cual podemos confiar (Salmo 37:3-5).
Tenemos un refugio al cual podemos recorrer (Salmos 17:8; 18:1-2; 23:1-4; 61:4 y 144:2).
Tenemos a Alguien que esperamos que nos ayude en toda situación (Salmo 33:18-22 y Isaías 41:10).
Conocemos al Único que puede ayudarnos a entender todas las respuestas a la vida (Isaías 55:8-9).

Dios promete que nos dará el poder para hacer todo lo que Él nos manda (Filipenses 2:13). Si estamos haciendo lo que ÉL tiene planeado para nosotros, lo cual es concentrarnos en Él y Sus prioridades, entonces estaremos en el ojo de la tormenta (1Pedro 4:19). La vida puede dar miles de vueltas a nuestro alrededor, pero tenemos seguridad, dirección y paz. La mejor forma de manejar nuestras pruebas es de convertirnos en partícipes activos en el reino de Dios. Mientras tenemos aliento debemos concentrarnos en la mejor manera de usar nuestros talentos, tiempo y dinero para la gloria de Dios.

• Escribe dos cosas que puedes cambiar en la forma en que has estado manejando tu situación. Piensa en qué pasos puedes dar para cambiar tu enfoque de modo que Dios se convierta en el centro de tu vida.

¿Es culpa del pecado?

Este estudio no estaría completo si no mencionamos la inquietud que sentimos por permitir el pecado en nuestras vidas. A veces los cristianos piensan: "No puedo ser tan malo...no miento, no robo, no he matado a nadie"—o sea los pecados que consideramos 'grandes'. Pero no te engañes. Los pecados ocultos podrían ser los que controlan tu vida. Posiblemente seamos 'adictos a nosotros mismos' y permitimos que nuestros deseos carnales controlen nuestra vida. Tal vez Dios te ha llamado la atención por las novelas que miras, los libros que lees, las películas que miras, las adicciones que tienes o las personas con quienes te juntas.

Si las costumbres en tu vida te hacen sentir atracción por alguien que no sea tu cónyuge, desear lo que no tienes o te hacen perder tu afecto por Dios, entonces vives en el pecado. Cualquier cosa que sea más importante que Dios en nuestras vidas es *idolatría*. ¿Amas el dinero? ¿Estás obsesionado con tu trabajo, tus hijos o la opinión de los demás? Y ¿qué tal tu actitud? ¿Te consume la lujuria, el orgullo, el enojo, los celos, la venganza, los chismes? Estas actitudes pueden empezar inocentemente, pero si les permites continuar, se convertirán en grandes pecados. Y esto le da al diablo una oportunidad para devorarte; él ve tus debilidades y *siempre* busca a quien matar, mutilar y destruir (1Pedro 5:8).

• Francamente, ¿a quién o a qué pones por encima de Dios? Recuerda, es aquello a lo que le dedicas tu tiempo, dinero, talentos y tus pensamientos. Escribe 3 cosas que te vienen a la mente.

Entonces, ¿cómo cambiamos?

El centrar nuestros pensamientos en el Señor nos quita la PREOCUPACIÓN del futuro y las incertidumbres. Leemos en 1Pedro 5:7 que debemos depositar en Él toda ansiedad porque Él cuida de nosotros. El cuidado del cual leemos en esta escritura significa llevar en direcciones opuestas o distraer. Esto significa que nuestras mentes están literalmente divididas cuando llevamos nuestras cargas. No podemos llevar a cabo la tarea que Dios nos da cuando nuestras mentes están tan divididas. Y no te olvides que el enemigo solo está esperando que te llenes de ansiedad ¡para atormentarte más!

¡Poner a Dios primero es muy difícil! Se requiere práctica, tiempo y regularidad. Podemos empezar por entrenar nuestras mentes a que se centren en Su capacidad y Sus planes. Cuando tus pensamientos ansiosos comiencen a apoderarse de ti, abre tu Biblia, di una oración o recita tu versículo favorito. Esto no es lavarse el cerebro o ignorar la situación—es una renovación de tu mente para que puedas madurar por medio de tus circunstancias y entender la voluntad de Dios para tu vida (Romanos 12:2). Solamente puedes concentrarte en una cosa a la vez, por lo tanto, no hay lugar para tus pensamientos de ansiedad si te centras intensamente en el Señor. Cuando practicamos esto continuamente, con el tiempo, nuestras mentes empiezan a cambiar porque la Palabra de Dios es 'viviente' y Es capaz de transformarnos de una forma sobrenatural (Hebreos 4:12).

Otra herramienta eficaz que podemos usar para vencer nuestros temores es alabar a Dios. Dos maneras sencillas de hacer esto es leer los Salmos u oír música de alabanza. La alabanza es una forma divertida de cambiar nuestro enfoque. También es provechoso escribir la forma en que Dios suplió tus necesidades en el pasado porque las peticiones contestadas siempre fortalecen la fe. Conforme lees la Biblia, permanece quieto y deja que Él te comunique Su verdad. Él nos revela Su poder y voluntad *si estamos dispuestos a escuchar y a obedecer.* Solamente Dios es capaz de suplir nuestras necesidades físicas, mentales, emocionales y espirituales—todos los días y en todas las circunstancias. Cuando recibimos Su provisión aprendemos a **creer** que Su amor, cuidado e interés por nosotros es verdadero y confiable y que Él estará con nosotros en cada paso del camino. Esto requiere perseverancia y paciencia para dominar nuestros viejos pensamientos y costumbres. Pero la libertad nos espera si continuamos escogiendo los caminos del Señor.

<u>¿Cómo comienzo a poner a Dios primero</u>?

Ya aprendimos que algunas maneras de vencer nuestros temores son: leer y obedecer la Palabra, orar, alabar a Dios y estar en comunión con otros cristianos genuinos y servir a los inconversos y al cuerpo de Cristo. Entendemos que el preocuparnos no nos ayuda a madurar. Sabemos que disgustarnos por las actitudes o problemas de otros no nos trae paz o satisfacción. El estar ansiosos por el caos mundial no cambia los acontecimientos.

Las personas muchas veces se preocupan cuando están listas para cambiar porque no saben hacerlo en una manera práctica. Él decidir darle a Dios la prioridad en nuestras vidas no ocurre de la noche a la mañana, y es natural pensar en cómo lo haremos. Es obvio que no podemos dejar de hacer lo que hacemos durante el día y centrarnos en el Señor a cada minuto. Nos encontraremos con situaciones en el trabajo o en la escuela en las que nos sentiremos ansiosos, pero no podremos apartarnos para orar o alabar en ese momento. Pero muchas veces nos toma solo un minuto centrar nuestros pensamientos. Nos podemos "apartar" al cerrar los ojos o salir a caminar o aun ¡hasta escaparnos al baño! Puede ser que tengamos que hacer esto varias veces al día para centrarnos. Entrenar nuestras mentes para conectarnos con el Señor regularmente es esencial. Dentro de poco lo harás sin pensarlo y la intensidad y la frecuencia de tu ansiedad disminuirá.

Nuestras decisiones verdaderamente determinan el tipo de persona que seremos y los cimientos sobre los cuales construimos nuestra vida determinan la estabilidad de esta. Si queremos la vida que Jesús nos promete (Juan 10:10) entonces el dedicarle tiempo al Señor deliberadamente es esencial. Muchas personas dicen que no tienen tiempo para estudiar la Biblia y orar. Pero si apagamos la televisión, el radio y las demás actividades a las cuales les damos más importancia que a Dios, encontraremos el tiempo. No recibiéremos lo que necesitamos si solo damos las gracias en el desayuno o al acostarnos por la noche.

Finalmente, el centrarnos en los planes del Señor y confiar en Su provisión no nos libra de la responsabilidad de hacer planes seguros y sensatos en nuestras vidas. Nuestra relación con Dios es mutua, entonces no podemos dejar de esforzarnos (2Tesalonicenses 3:11-13).

Seguir poniendo nuestra fe en Dios significa que si nuestros planes se derrumban, o si Él tiene un plan diferente para nuestras vidas, sabemos que sin duda Él nos ayudará a superarlo todo—¡VENGA LO QUE VENGA! Su propósito es fortalecernos para vivir victoriosos en este mundo y así darle gloria al guiar a otros hacia la salvación. Y luego, ¡Él nos llevará a casa!

El tiempo que le dediques a Dios te dará una profunda paz y gozo. Esto aliviará grandemente tu ansiedad. Tener nuestros pensamientos centrados en Dios y el vivir para llevar a cabo Sus propósitos nos hará más agradables a los que nos rodean. Esto te evitará mucho sufrimiento ahora y por el resto de tu vida. Recuerda que lo que nos inquieta y en lo que perdemos tiempo valioso preocupándonos, sin necesidad, ¡muchas veces no llega a pasar! Cuando lleguemos al cielo, a Él no le va a importar lo limpia que mantuvimos la casa o si usamos buena ropa. Él nos verá a los ojos y nos preguntará: "¿Me glorificaste? ¿Influenciaste a otros a seguir a mi Hijo Jesucristo?" Es hora de comenzar a centrarnos en la capacidad de Dios de guiarnos hacia una vida buena, plena y victoriosa. ¡Él no nos defraudará!

El planear es prudente, preocuparse es necedad.

REFLEXIÓN

1. ¿Qué cosas me causan ansiedad?

2. ¿Cómo manejo mi ansiedad?

3. Pregúntate: Si dejo mi ansiedad, ¿temo que perderé parte de mi identidad o personalidad?

4. ¿Qué haré con mi tiempo si no me preocupo?

5. ¿Qué me impide centrar mi mente en Dios y no en mi ansiedad?

6. ¿Qué beneficios tengo al no dejar mis temores / estrés / ansiedad?

7. Y ¿cuáles son los perjuicios?

8. En el pasado, ¿en qué forma he fallado en solucionar mis problemas?

9. Al leer este material, ¿qué cosas prácticas he aprendido que puedo usar hoy para lidiar con mi ansiedad?

Estando en oración, pregúntate si verdaderamente quieres ser libre de esta parte de tu vida a la que te has acostumbrado. Si temes dejarla, dile al Señor. Él puede ayudarte y te ayudará a superar tu naturaleza vieja, si se lo permites.

NOTAS

La reputación es lo que los demás piensan de ti—carácter es quien eres realmente.

CAPÍTULO 2

LA ACTITUD

Si alguien te dijera que tienes una "mala actitud", ¿qué dirías? ¿Te ofenderías? ¿Te preguntarás, qué quieren decir con eso? ¿Tratarías de justificar la forma en que actúas?

Este mundo está lleno de personas que están infectadas con odio, egoísmo y orgullo. Ellos continuamente culpan a otros por sus acciones y se defienden aunque estén equivocados. Nos hemos convertido en una sociedad tan "correcta políticamente" que ni podemos confrontar las malas actitudes de otros sin ser atacados. Y somos tan hipersensibles que no podemos ni oír críticas constructivas sin tratar de defender nuestra posición.

Necesitamos reconocer que nuestra actitud, negativa o positiva, afecta cada aspecto de nuestra vida. Nuestra madurez es evidente en la capacidad de examinarnos a nosotros mismos y luego permitir que Dios nos cambie para parecernos más a Jesús. Entonces, empecemos por ver lo que significa la palabra "actitud".

La actitud es:

Una opinión

La forma de pensar

Un punto de vista

La mentalidad

Lo que sientes

Tu comportamiento

La posición que tomas
Tu perspectiva
La manera como abordas una situación

<u>¡Todo se trata de mí</u>!

Una de las razones principales por las cuales nuestra sociedad está como está es porque tendemos a vivir dentro de nuestro propio mundo. Muchas veces nos enfocamos solo en nuestros propios problemas y placeres sin pensar en nadie más que no sea parte de nuestra familia. Si miramos lo que define nuestra actitud, veremos que esto afecta las acciones que tomamos y nuestras decisiones. Nuestra actitud refleja nuestra obediencia o desobediencia a Dios en cada situación que enfrentamos.

Aunque nuestra actitud abarca la forma en que nos comportamos, hay un aspecto más importante y profundo que tiene su raíz en la condición de nuestro corazón. La Biblia dice que sin la intervención de Dios, nuestro corazón es engañoso (Jeremías 17:9). Un problema común que los cristianos enfrentamos es que somos salvos sin nunca examinar la condición de nuestro corazón y nuestra actitud. Con el tiempo algunos se empiezan a preguntar: ¿Por qué no tengo la vida abundante de la cual habla Jesús? Y pueden culpar a Dios o a los demás por no sentirse realizados. Sin embargo, el secreto de la vida cristiana victoriosa es alinear nuestras vidas con la voluntad de Dios, y no tratar de encajar a Dios convenientemente en nuestros planes. Podemos comenzar con preguntarnos, "¿Creo yo que mi actitud le agrada a Dios?"

<u>¿Cómo sé si tengo la actitud correcta</u>?

Jesús demostró la actitud correcta y vivió la senda perfecta para que nosotros la siguiéramos. Pero para vivir una vida recta necesitamos desesperadamente la ayuda del Espíritu Santo. Aquí es donde fallamos—tratamos de ser 'buenos' por nuestra propia voluntad y determinación. Pero los caminos de Dios incluyen una vida de: servidumbre
   humildad
      poner a otros primero
         morir a uno mismo
            así como Cristo murió a sí mismo por nuestra salvación

Jesús murió a propósito para que tuviéramos una relación estrecha con Él. Esto significa que ¡debemos vivir deliberadamente para Él! Él sabía que no duraríamos en la vida cristiana sin Su intervención. La verdad es que a Dios le interesa más nuestros motivos internos que nuestro comportamiento. Él sabe que si nuestros corazones están bien, nuestras acciones lo reflejarán. Recuerden que nuestra verdadera lealtad se encuentra en el corazón. Tal vez no nos demos cuenta, pero al final de cada decisión, terminamos haciendo lo que VERDADERAMENTE queremos hacer, ¡no importa lo que digamos! Por ejemplo, podemos decir que somos cristianos pero, ¿qué hacemos cuando se nos pide ayudar a los pobres, o nos encontramos rodeados de gente que insulta a nuestro Señor Jesús, o nos enfrentamos a la tentación? Si verdaderamente somos seguidores de Cristo, ¿qué revelan nuestras acciones?

Podemos decir, "yo amo mucho al Señor", pero si nuestro egoísmo nos impide hacer lo que Dios nos a mandado a hacer, entonces nuestro 'amor' es solamente palabras vacías y superficiales (1Juan 2:5-6). Si miramos de menos a otros o ignoramos sus necesidades, básicamente estamos despreciando al Señor (Mateo 25:31-46). Un corazón endurecido y una actitud arrogante terminan afectando nuestra conexión con los demás y ciertamente afectará nuestra relación con Dios. Puede ser que nos encontremos 'obedeciendo' al Señor sin tener realmente el deseo de complacerlo.

Si por fuera hacemos lo que Dios nos pide, pero no lo amamos apasionadamente, entonces somos como un címbalo que resuena—mucho ruido, pero sin las intenciones de Dios (1Corintios 13:1). Todos conocemos cristianos que 'predican' la Biblia pero no viven conforme a Su Palabra. Nos damos cuenta de que están obedeciendo al Señor pero sin permitir que Él les cambie el corazón (Mateo 15:18-19). Esta clase de 'obediencia' se llama 'obediencia legalista'. Ellos viven una forma de cristianismo, 'correcto políticamente' pero es fácil ver que les falta el amor, el gozo, la paz y la gracia. Hacer 'lo correcto' sin un motivo puro que le agrade a Jesús es como no hacer nada. Por toda la Biblia, Dios demuestra que esta actitud de Su pueblo lo entristece. Y esto mismo es lo que ha alejado a muchos de la iglesia.

• Vamos a hablar de la manera en que nuestra actitud ha afectado nuestras acciones en esta semana pasada. Escribe 5 cosas que podrías haber hecho diferente para demostrar tu amor por Cristo.

LA ACTITUD

¿Revela mi actitud amor por los perdidos?

No siempre es evidente, pero hasta cierto grado, todas las personas saben cuando viven en el pecado. Y, en su interior, saben que Dios es la respuesta porque Dios lo ha escrito en sus corazones (Romanos 2:15). La tragedia es que a veces cuando los inconversos finalmente van a la iglesia, se encuentran con gente orgullosa, egoísta y duros de corazón. Si ven a los cristianos en grupitos y olvidándose de saludar a los nuevos visitantes, o menospreciando a los que no son como ellos, los hace sentir que nunca formarán parte de ese grupo. Y si el visitante es tan valiente como para regresar a la iglesia, se encuentran con una lista larga de "reglas cristianas". Con razón los incrédulos identifican la experiencia en la iglesia con la manera de ser de Dios y ¡se echan a correr! (Mateo 15:8-9).

¿Es tu tipo de fe aquella que transforma tu vida y te convierte en un siervo de Cristo? Sabemos de la Biblia que "Sin fe, es imposible agradar a Dios" (Hebreos 11:6). Entonces, si tenemos fe, creemos todo los que dice Dios. Tomamos en serio Su advertencia de tenderles la mano a los demás porque la fe verdadera siempre te lleva a ayudar a otros. ¡Sin excepción! (Santiago 2:17). Una actitud de amor verdadero siempre demuestra acciones positivas para levantar a los que han caído. ¿Somos cristianos débiles, superficiales que solo estamos esperando ir al cielo? (2 Corintios 9:6-15; Efesios 2:10), o somos las manos y los pies de Dios, sirviéndole a Él con compasión mientras servimos a los demás dondequiera que vayamos?

Te puedes imaginar, ¿qué si *todos* hicieran algo por ayudar a *alguien*? Si nos tomáramos la molestia de ayudar a alguien una vez al día, este mundo sería más unido. La gente no se sentiría aislada y sin amor. El mundo sería mejor si nos preocupáramos por los demás así como nos preocupamos por nosotros mismos. Dios nos salvó y nos dio fe y vida nueva porque quiere que traigamos a otros para que ellos tengan una relación con Él y los pueda llenar de Su Espíritu. Jesús murió para que pudiéramos lograr esto. Él se sacrificó para que pudiéramos vencer nuestro egoísmo y ayudar a los perdidos. Es nuestra **actitud** la que determina si tendremos éxito o no.

Si decimos ser cristianos, entonces es nuestra responsabilidad tratar a los demás con amor y respeto. Una manera fácil de examinar nuestra actitud es de preguntarnos ¿qué sentiríamos si una persona entrara a nuestra iglesia con ropa rota, maloliente y usando palabrotas? ¿Seríamos los primeros en ofrecerle comida o agua? ¿La invitaríamos a sentarse con nosotros para que no se sintiera sola? Y ¿qué tal tu colega inmoral que no le cae bien a nadie? ¿Chismeas tú de esa persona también, o tratas de ayudarla invitándola a la iglesia o hablándole de tu relación con Jesús? Estas situaciones revelan tu ACTITUD. Puede ser que *conozcamos* las Escrituras, pero si no las ponemos en *práctica,* básicamente, estamos dudando y desagradando a Dios.

• Detente aquí y pregúntate cómo tratas a las personas nuevas de tu iglesia. Piensa en cómo tratas a otros que no son como tú, o cómo respondes a los que te repugnan.

Recuerda que Jesús mismo trató con la escoria de la sociedad. ¡Santo cielo! ¡Pues ellos son exactamente a quienes vino a SALVAR! (Lucas 19:10). Aquellos con los que compartió estaban perdidos en sus pecados—eran despreciados por la sociedad. Pero Él los amó y les demostró Su amor. Ellos fueron alimentados, vestidos, discipulados, invitados y se les demostró el amor de Dios. Jesús no trató de esconderlos o ignorarlos, ni aparentar que no los veía. Él no se avergonzaba de ellos. ¡No, Él los amó y vio su potencial!

Considéralo de esta manera. ¿Qué tal si Jesús se nos hubiera acercado en nuestra condición pecaminosa y nos hubiera dicho: "Hola, me llamo Jesús. Te amo, pero me mantendré lejos de ti porque estás muy sucio. Te amo, pero no tengo tiempo para pasarlo contigo. Hasta luego!" Si Él nos hubiera tratado de la manera que merecíamos, ¡nunca hubiéramos recibido la salvación! La verdad es que sin Cristo, apestamos tanto como alguien que lleva semanas sin bañarse—y eso por nuestros pecados. No importa cuán 'ordenadas' parezcan estar nuestras vidas, sin la sangre de Jesús que nos cubre, somos repugnantes.

• En grupo, escriban algunas cosas que normalmente hacen en la semana. Ahora pregúntate, ¿cuántas de estas actividades haces, sin recibir pago, para alguien que no forma parte de tu hogar?

Esto no es para que nos sintamos culpables sino para que nos demos cuenta de lo que verdaderamente es importante en esta vida. ¿Crees tú que Dios te preguntará qué tan limpia mantuviste tu casa cuando llegues al cielo? O ¿si fuiste una supermamá o papá al tener a tus hijos en toda actividad escolar disponible? O ¿si ganaste lo suficiente para mantener a todos los de la familia 'contentos'? ¡Por supuesto que no! Cuando estés frente a Él su pregunta principal será: "Le ayudaste a alguien a entrar al cielo? ¿Cómo le demostraste mi gloria a tu mundo perdido? ¿Cómo trataste a los oprimidos, a las viudas, los huérfanos, los encarcelados y los pobres? (Mateo 25:31-46)".

Se trata de la mente

Una razón por la cual fallamos en demostrarle Cristo al mundo es porque nuestras mentes no están bajo control. La Palabra de Dios dice que debemos capturar los pensamientos rebeldes (2Corintios 10:5). Dios quiere cambiar nuestra manera de pensar para que podamos llevar una vida de buenas obras (Romanos 12:2 y Timoteo 3:16-17). Conforme nos entrenamos a leer Su Palabra diariamente y la obedecemos, nuestras mentes serán *transformadas*. Nuestros deseos cambiarán y tendremos un nuevo enfoque. Comenzaremos a negar nuestros modos egoístas y en su lugar ¡*querremos* dar nuestro tiempo, talento y ganancias a los propósitos de Dios!

Conforme cambiamos, podemos empezar a soltar ese 'control' que tenemos en nuestras vidas (lo cual es andar afanados cuidándonos a nosotros mismos para satisfacer *nuestras* necesidades). Cuando verdaderamente confiamos en el Señor para satisfacer nuestras necesidades, empezaremos a buscar a los que verdaderamente necesitan ayuda. Jesús prometió cuidarnos si lo ponemos a Él primero (Mateo 6:25-34), por lo tanto, no es necesario que perdamos tanto tiempo en cuidarnos a nosotros mismos.

Otro problema con nuestra actitud es simplemente el orgullo. La tendencia humana es de enaltecernos más de lo que deberíamos (Romanos 12:3). Y nos podemos engañar a nosotros mismos al pensar: "No soy drogadicto, prostituta, ladrón o asesino, pues entonces debo ser una 'buena persona'. Mi vida va muy bien en el aspecto 'cristiano'". Pero leamos 2Timoteo 3:2 y Romanos 1:28-32. Algunas de las personas relacionadas con esta gente 'detestable' son aquellas que son criticonas, temerosas, rebeldes, quejumbrosas y chismosas. ¡Guau!" Cuando no estamos bajo el control del Espíritu Santo verdaderamente somos esclavos de nuestra impiedad y egoísmo porque somos esclavos de aquel a quien servimos (Romanos 6:16). Si le servimos a nuestras pasiones carnales (el egoísmo, el orgullo, la pereza, la intolerancia) entonces no estamos sirviendo a Dios, porque no podemos servir a dos amos.

Y otra actitud que nos roba las bendiciones que Dios tiene para nosotros es el pesimismo. Cuando escogemos enfocarnos en lo negativo de la vida, carecemos del gozo y la paz que atrae a los demás al ver la obra de Cristo en nosotros.

¡El pesimismo no es nada nuevo!

A veces nos preguntamos cómo es que nuestra sociedad se ha vuelto tan egoísta, irrespetuosa y sin esperanza. Pero si vamos al principio del Antiguo Testamento, veremos que la mala actitud ¡no es nada nuevo en el corazón humano!

Leamos lo que le pasó a los Israelitas cuando se acercaban a la tierra prometida. Busca en Números 14:1-12. Lee todo el pasaje y compáralo con las notas que siguen. Te asombrarás de ¡cómo se parece su actitud a la nuestra!

Gritaban y lloraban (se traduce como lloriqueando y quejándose)   vs. 1

Buscamos a otros que se compadezcan de nosotros.   vs. 2, 4

Elegimos creer que nuestra situación nunca cambiará
Sentimos lástima por nosotros mismos   vs. 3

Elegimos creer que lo peor pasará en nuestra situación.

Tratamos de huir de nuestra situación (posiblemente de la disciplina
misma de Dios o de Su poda)   vs. 4

Tratamos de resolver los problemas nosotros mismos.

Atacamos a los que se oponen a nuestra actitud negativa.   vs. 10

Atacamos a aquellos que tratan de ayudarnos al hablarnos de las verdades de Dios.

Consecuencias de nuestra actitud negativa:

Nos perdemos lo mejor de Dios y Sus bendiciones   vs. 12

Nos perdemos el propósito que Él ha determinado para nuestras vidas.

Nos olvidamos de TODO lo que Dios ha hecho por nosotros (nos volvemos de doble ánimo, vacilamos entre preocuparnos y alabar a Dios).

Gastamos nuestra energía pensando en cosas que no llegarán a suceder cuando podríamos usar esa energía para hacer de este un mundo mejor.

Lo que debemos hacer en lugar de lo mencionado arriba ☺

1) Postrarnos ante Dios y arrepentirnos de nuestra independencia, terquedad, rebeldía y falta de fe.

2) *Escojamos* CREER que el plan de Dios incluye lo mejor para
    nosotros.   Números 14:7

3) Fijemos nuestra mente en lo verdadero, lo bello y digno de
    alabanza.   Filipenses 4:6-9

4) Decidamos humillarnos y concentrar nuestros pensamientos   Isaías 26:3-4
    en Jesús y en Su plan para librarnos de nuestros temores

Tal vez eres infeliz o te sientes estancado. Es posible que pienses que tu vida es aburrida o que no tiene ningún propósito. El deseo de Dios es que dejemos nuestra naturaleza vieja y nos volvamos más como Su Hijo (Efesios 4:21-24). Trata y esfuérzate por ayudar a los demás y ¡tus sentimientos negativos desaparecerán!

• Detente aquí y escribe 2 formas en que puedes ayudar a alguien fuera de tu familia esta semana. Asegúrate de que la meta sea realista. Ayudar a los demás es la manera segura de dejar la obsesión que tenemos con nosotros mismos. Es seguro que te dará más gozo, satisfacción y paz de lo que te puedes imaginar.

<u>¿Qué clase de actitud tengo</u>?

Sabemos que tenemos una mala actitud si:

1) Somos insensibles a las necesidades de los demás, hacemos lo que queremos sin importar a quien lastimamos.

2) Somos hipersensibles y no hacemos nada por no querer 'ofender' a nadie.

3) Somos de los que siempre están de acuerdo con todo (aunque sea contrario a nuestros valores y morales con tal de ser aceptados). Esto demuestra que le damos más importancia a la aprobación de la gente que a la de Dios. Los que buscan agradar a los demás no se ganan el favor de Dios (Gálatas 1:10).

4) Permanecemos en relaciones influenciados por personas negativas. Como adulto, la única relación que requiere un compromiso es tu matrimonio. Puedes hacer mucho bien si tienes una buena influencia sobre tu pareja inconversa. Sin embargo, si hay violencia o engaño, puede haber un período bíblico de separación. Lee la Palabra de Dios para adquirir sabiduría sobre esto y pídele consejo a una persona piadosa. Pero en cuanto a amistades (y la mayoría de los familiares), no debes relacionarte con ellos si te desvían del camino de Cristo. Es muy dañino pasar mucho tiempo con los que no respetan a Dios. No te olvides del dicho: Dime con quien andas y te diré quién eres (Proverbios 12:20)

5) No hacemos nada por acercarnos al Señor por medio del estudio bíblico personal, la oración; y tampoco pasamos tiempo con personas que aman a Dios.

6) Nos degradamos a nosotros mismos y con otros somos egoístas, negativos, chismosos o inconformes.

• ¿Cuáles son algunas de las actitudes en tu vida que debes cambiar?
Muy bien, hemos leído todo acerca de nuestra actitud y el porqué es tan importante.
Hemos explorado algunas de nuestras posturas. Ahora necesitamos aprender cómo cambiarlas para que coincidan más con Jesús.

<u>¿Qué puedo hacer para cambiar mi actitud?</u>

En primer lugar, para cambiar la condición de nuestro corazón debemos arrepentirnos. Pídele a Dios que te perdone por la manera en que te has estado comportando. Pregúntale, ¿cómo puedes servirle mejor? Diariamente debemos dejar a un lado nuestra rebeldía, orgullo y egoísmo. Cuando estamos conscientes de nuestras fallas, podemos confesarlas y recibir Su perdón y en el proceso nos hacemos más como Jesús. Seguiremos siendo cada vez más justos porque dejaremos a un lado nuestros deseos y el modo de pensar y le daremos el control a Dios. Cuando nuestros corazones y mentes son transformados, tenemos más libertad para tomar decisiones sensatas y vivir de la forma que Dios quiere que vivamos. No pecaremos tanto y tendremos menos alboroto en nuestras vidas.

El leer la Palabra de Dios regularmente nos enseña cómo cambiar. Cuando nos entregamos a Él, Su Espíritu cambia nuestra actitud de una forma sobrenatural para darnos el poder de influenciar a otros para Cristo. Podemos demostrarles a los demás la gloria de Dios por medio de nuestras sonrisas y acciones. Podemos ser un ejemplo para otros demostrando como superar confiadamente las circunstancias difíciles, sin importar cuán mal sean. ¡Qué gran testimonio para un mundo perdido!

Por lo tanto, deja que el Señor venga y cambie tu actitud. ¡Ablándate! Si no te nace la compasión hacia otras personas, pídele a Dios que te ayude a cultivarla. ¡Esto es lo que Él quiere para tu vida! Recuerda, nuestro propósito en este mundo es alabar a nuestro glorioso Dios y traer a otros para que tengan una relación con Él. Lo único que podemos llevar al cielo con nosotros son otras personas. El ministerio de Jesús en este mundo se concentró en sanar y ayudar a OTRAS PERSONAS. ¿Haremos nosotros menos?

Las acciones que tomamos ahora serán recompensadas cuando estemos frente a frente con el Señor (1Corintios 3:8 y Apocalipsis 22:12). ¡Dios te adora! Él *quiere* ayudarte a tener una vida con sentido, llena de gozo, propósito y paz, con la esperanza de un futuro. Todo empieza con una actitud nueva.

REFLEXIÓN

1. ¿Qué es una actitud?

2. ¿Por qué es tan importante mi actitud?

3. Escribe 3 de tus actitudes que no te gustan

4. ¿Cuáles son 3 maneras que Dios ha establecido para cambiar mi actitud?

5. ¿Qué es algo práctico que puedo hacer la próxima vez que se manifieste mi actitud criticona, quejumbrosa o negativa?

6. ¿Cuál es el concepto principal que he aprendido de esta lección?

NOTAS

CAPÍTULO 3

LA ENTREGA

'Entregar' significa confiar o dedicar algo o alguien al cuidado de otro. También significa 'instruir' o 'entregar para ser guardado en un lugar seguro'. También es una 'responsabilidad u obligación que toma tiempo y energía'

Vemos de esta descripción que la entrega o compromiso se hace entre dos o más personas. Podemos comprometernos (o entregarnos) varias veces al día—con nosotros mismos o con Dios. Los compromisos se hacen con un espíritu de confianza, como resultado de una promesa. Cuando nos comprometemos, a hacer algo o con alguien, damos a entender que vamos a cumplir nuestra parte.

Desafortunadamente, vivimos en un mundo donde con frecuencia se rompen esos compromisos. Los políticos, las empresas, los vendedores fraudulentos y los anuncios engañosos ¡abundan! La lista se alarga cuando pensamos en las promesas rotas, 'menos importantes', de familiares y amistades. Tal vez nos dicen que estarán allí o que harán algo por nosotros—pero hemos sido defraudados en algún momento. También hemos oído todo tipo de excusa del porqué no pudieron cumplir su palabra.

Tal vez creciste en una familia donde las promesas se rompían fácilmente. Si este es el caso, posiblemente seas cínico en tus relaciones. Es muy probable que sea difícil para ti contar con otras personas. Y te es difícil comprometerte o aceptar compromisos de otros. Muchas veces es duro confiarle nuestro tiempo, nuestras cosas o nuestros sentimientos a otra persona. Hasta podemos llegar a pensar que no tenemos valor para otros porque no nos dieron suficiente importancia como para dedicar el tiempo y la energía necesarios para cumplir la promesa que nos hicieron. Algunas personas no pueden creer en `nadie.´

Puede que no confiemos en los demás para tratar de evitar que nos desilusionen. Aunque esto parece protegernos, en realidad, nos roba la capacidad de tener intimidad con otras personas. Si dejamos completamente de confiar en otros, terminamos perdiendo la capacidad de sentir verdadero gozo y de tener verdaderas amistades también. Cuando esta falta de confianza afecta nuestra relación con Dios, nuestra fe puede ser dañada severamente.

• Detente aquí y comparte con el grupo 2 formas en que las experiencias de tu niñez han afectado la manera en que cumples con tus compromisos hoy en día (sea positiva o negativamente)

<u>¿Qué tienen que ver los compromisos mi vida diaria?</u>

Hay diferentes clases de compromisos—algunos los hacemos porque queremos algo a cambio. Muchas veces damos nuestro tiempo, hacemos la limpieza o cuidamos niños para recibir algún beneficio. Algunos compromisos son obligatorios por naturaleza, lo cual significa que los hacemos, QUERRAMOS o no. El trabajo, pagar las cuentas y los quehaceres del hogar son ejemplos de esta clase de compromiso. Cumplimos con estos porque si no, tendremos consecuencias negativas. Y a veces, nos comprometemos por puro amor—solo por querer complacer a otra persona. Es inevitable, nuestras vidas están llenas de compromisos; es cuando no cumplimos nuestras promesas que empezamos a tener problemas.

Hay varias razones por las cuales no cumplimos con nuestras promesas (aparte de que simplemente no nos importa). Una razón por la cual nos comprometemos y fallamos es porque se nos hace difícil decir "no". Nos comprometemos por querer agradar a las personas o queremos que piensen que 'lo podemos hacer todo'. Tal vez nos sintamos débiles si no podemos complacer a todos en todo. Pensamos que perderemos nuestra popularidad con nuestras amistades y familiares y nos podemos sentir culpables si no quedamos bien con ellos. Pero la verdad es que es mejor decir "no" desde un principio que fallar o quedar mal con nuestras promesas.
¿Sabías que:

¿El no cumplir con tu palabra es una forma de mentir?

• Escribe un ejemplo en el cual fallaste a tu palabra últimamente. Luego escribe una ocasión en que alguien te decepcionó por no cumplir con su palabra. ¿Cómo te sentiste en cada situación?

¿Por qué me es difícil cumplir con mis compromisos?

Algunas personas hacen compromisos y ¡los cumplen todos fácilmente! Y hay otros que pocas veces cumplen sus promesas. La razón en parte es por ser una característica de su personalidad. Hay unos que pueden hacer dos días de trabajo en uno; y hay otros que dejan todo para más tarde. Pero eso no quiere decir que podemos quedarnos así con la excusa, "¡así soy yo!".

El mayor factor que determina cómo cumpliremos con nuestra palabra es nuestra *integridad*. Mi definición preferida de esta palabra es "lo que haces cuando nadie te ve". Básicamente, esta es la forma en que vemos 'el bien y el mal' en nuestra vida. Nuestra reputación se basa en nuestra integridad. Por eso es tan importante no decir simplemente, "Sí, lo haré" cuando alguien nos pide que nos comprometamos a algo. DEBEMOS pensar en el costo de nuestra promesa antes de dar nuestra respuesta. Es mucho mejor decir, "Déjame pensarlo y te avisaré" o "ahorita no cabe en mi agenda, tal vez en otra oportunidad". Así podemos estar seguros de que sí podremos hacer lo que prometemos.

Desarrollar nuestra habilidad de decir "no" porque tenemos nuestras prioridades en orden es extremadamente sano para nuestro espíritu, mente, emociones y cuerpo. Corriendo para todos lados tratando de complacer a todo mundo nos inquieta y nos molesta a nosotros y a los demás. Si nos prestamos para todo, no podemos hacer ningún trabajo bien. Si apartamos un tiempo para descansar de las responsabilidades y estar a solas un rato, estaremos mejor preparados para cumplir con nuestros compromisos. Aunque Jesús dice que debemos entregarnos al servicio de los demás, no debemos hacerlo al costo de nuestra salud, nuestra familia o nuestra relación personal con Dios.

Cumpliendo con mi palabra

Recuerdo que cuando recibí la salvación, una de las cosas más importantes para mi era ¡guardar mi palabra! Yo me dije, "voy a cumplir con lo que diga—venga lo que venga. ¡Mi palabra tiene valor! Las personas confiarán en mi porque se darán cuenta que digo la verdad".

Puede ser que esto te parezca ridículo, pero mi vida anteriormente estaba llena de falsas promesas, y relaciones fracasadas, yo no podía cumplir con nada. Cuando Dios cambió mi vida, me aseguré de cumplir con lo que decía aunque fuera un gran inconveniente para mí porque yo *deseaba mucho* que confiaran en mí.

Es una gran satisfacción para mí el haber creado una reputación en la cual todos me consideran confiable. Hoy en día no tengo ningún problema en decirle a las personas que no puedo comprometerme a algo, porque me di cuenta de que la gente aprecia más la verdad que una excusa o una promesa falsa.

• ¿Qué crees tú que piensan los demás de tu reputación? ¿Te consideran una persona alegre y confiable o una malhumorada que hace las cosas a medias y es de poca confianza?

¡Pero es que no me da la gana!

Otra razón por la cual podemos tener problemas con los compromisos es porque estamos más preocupados por nosotros mismos que por los demás. Piensa en la última vez que fallaste en cumplir con un compromiso. ¿Fue porque estabas muy cansado, muy involucrado en tus propias cosas o no te importó la necesidad de la otra persona para hacer lo que prometiste? Si este es el caso y somos sinceros con nosotros mismos, admitiremos que en verdad somos egoístas.

Ya que nuestro estado de humor, al igual que nuestros sentimientos y pensamientos, cambia drásticamente, es importante saber que nuestro compromiso está basado en nuestra voluntad y no en nuestros sentimientos. Si seguido le damos lugar a nuestros deseos carnales tales como la pereza, la desconsideración o el egoísmo, entonces nuestro carácter se debilita. Esto reduce el firme propósito de nuestras promesas. Pero cuando nuestros valores están firmes como Dios los diseñó, entonces Su Espíritu nos da la disciplina necesaria para que constantemente tomemos decisiones sensatas y cumplamos con nuestra palabra.

Claro, no es fácil porque este mundo fomenta concesiones en nuestras interacciones diarias. Hay muchas mentiras, chantaje y deshonestidad por todas partes. Y aunque no nos demos cuenta, esta mentalidad nos influye. Podemos llegar a pensar, "mi compromiso no importa mucho", o "alguien más lo hará si no lo hago yo". Pero esta actitud va en contra de nuestra vida en Cristo. Tenemos la responsabilidad de decir la verdad y de ser personas de palabra.

Recuerda que no debemos agotarnos en ayudar a los demás. Tomar decisiones sensatas significa que debemos cuidarnos. Reservar tiempo para nosotros mismos no es ser egoísta. Pero si pasamos el 95% de nuestro tiempo en cosas personales, entonces, sí somos egoístas. Si alguien cuenta con nosotros y le fallamos simplemente porque *no tenemos ganas*, eso simple y sencillamente está mal.

El problema con decir "no"

Por otro lado, hay personas que no se comprometen a nada. Estas son personas que no tienen ningún problema en decir 'no' porque simplemente no les importa. No quieren tomarse la molestia de ayudar a los demás. Prefieren quedarse en su propio mundo haciendo solo lo suyo. Pero Dios tiene un verdadero problema con esta actitud. Él nos dice que si no estamos trabajando para Su reino, somos inútiles para Él (Juan 15:1-17 y Santiago 2:17, 20 y 26).

Nuestro compromiso con Dios

El compromiso más importante que haremos es nuestro compromiso con Dios. Cuando verdaderamente le damos su lugar sobre todo lo demás en nuestras vidas, Él cambia sobrenaturalmente nuestra forma de pensar, actuar y sentir para que nos parezcamos más a Jesús. Él también nos ayuda a convertirnos en personas de palabra. Pero recibiremos Su poder solo cuando sometamos nuestros pensamientos, corazones, actitudes y sentimientos a Él en un compañerismo íntimo. Es nuestra responsabilidad permanecer cerca de Él; y Él se encarga de cambiarnos.

Podemos perder el deseo de tener una relación estrecha cuando nuestro compromiso con Él está basado en motivos equivocados. Si nos encontramos,

Tratando de ganar Su gracia
  Pensando que nos amará más de acuerdo a nuestro rendimiento
    o tratando de mantenerme 'libre de problemas' con una actitud que dice "Dios ayúdame a salir de esta y nunca más lo volveré a hacer",

entonces perderemos nuestra habilidad y deseo de servirle verdaderamente.

Cuando estos motivos nos impulsan, el enfoque de nuestro compromiso está en nosotros, no en nuestro amor por Dios o por los demás. Nuestras intenciones deben ser purificadas por el Espíritu Santo porque cuando nuestro deseo profundo es servirle al Señor por amor, entonces nuestras promesas a Él estarán llenas de poder. Todos sabemos que el amor es el mayor motivador del mundo.

• ¿Sientes tú que entre más hagas para el reino de Dios, más te amará Él?

• Lee Romanos 3:21-28 y Romanos 5:8-9. Detente aquí y platica con el grupo del hecho que fue Dios quien inició nuestra relación con Él y no hay nada que podamos hacer para que nos ame más.

<u>Consecuencias de fallar a nuestros compromisos</u>

Dos cosas que como seres humanos normalmente hacemos cuando tratamos nuestros fracasos son:

1. Ignoramos la situación porque no queremos enfrentar las consecuencias, a los demás o a nosotros mismos, y

2. Permitimos que la culpabilidad nos atrape y nos inmovilice

La mayoría nos hemos dado cuenta de que ninguna de estas reacciones es saludable y no nos ayuda en nuestra situación.
<u>Se empeora la cosa</u>...

  Ya hemos leído que una consecuencia mayor de no cumplir con nuestra palabra es que las personas dejan de confiar en nosotros. Pero las cosas pueden empeorar progresivamente:

Después de arruinar nuestra reputación, podríamos empezar a distanciarnos de los demás porque nos damos cuenta de lo difícil que será recuperar su confianza.
Podríamos sentir vergüenza por nuestro comportamiento, lo cual puede afectar nuestra autoestima.
Podríamos sentirnos tan desanimados que dejamos de esforzarnos por mantener la amistad (o dejamos el trabajo o la iglesia) y nos damos por vencidos.

Este enorme desaliento ocurre porque nuestra tendencia natural es escondernos de Dios y de los demás cuando escogemos seguir en el pecado. Entre más tiempo vivimos en pecado, menos nos preocupamos por otras personas. Y finalmente, nos separamos de la sabiduría y del amor de Dios (Éxodo 6:9). La palabra 'esclavitud' en este versículo, como la mayoría de versos en el Antiguo Testamento, me hace consciente de nuestra esclavitud al pecado. Si continuamos por este camino, eventualmente dejaremos de escuchar a todo el que trate de ayudarnos a dejar nuestra vida anterior. Puede que esto parezca exagerado, pero he visto este comportamiento y sus consecuencias una y otra vez.

<u>¿Cómo podemos mejorar la probabilidad de cumplir con nuestros compromisos?</u>

Recuerda, cuando alguien te pida que hagas algo, debes parar y pensar en lo que te costará *antes* de comprometerte. Para calcular el costo debes preguntarte:

1. ¿Tengo el tiempo y la energía para completar esta tarea?
2. ¿Tengo la capacidad y el talento para lograrlo?
3. ¿Lo pondré en mi lista de prioridades cuando llegue el momento de cumplirlo?

Si no pues contestar, "sí", a estas tres preguntas, dile a la persona que no te puedes comprometer. Puede ser que se molesten al principio, pero es preferible decepcionarla un poco y no que se de cuenta de que realmente no lo podías hacer.

Una buena motivación para cumplir nuestras promesas es tener o mantener una buena reputación (Proverbios 22:1). Es posible que parezca un poco superficial, pero compáralo a una cuenta bancaria. Entre más invertimos (en compromisos cumplidos), más rica se hace nuestra reputación.

Aún más, la Biblia nos enseña que nuestros compromisos cumplidos forman un fundamento sólido para construir nuestras vidas. Nuestro carácter se forma al imitar al Señor. Cada vez que cumplimos nuestras promesas, nos hacemos más fuertes para la próxima tarea. Y si continuamos cumpliendo con nuestros compromisos, esto nos fortalecerá para seguir por ese camino, aun cuando otros nos fallen a nosotros. Lo mejor de esto es que mantener nuestra palabra es una forma de honrar a Dios, y de darle gracias por lo que Él ha hecho por nosotros (Salmos 116: 12-14).

Jesús: compromiso personificado

El modelo de Dios para cumplir las promesas lo demostró por medio de Jesús, quien hizo el compromiso mayor de toda la historia (Juan 10:11-18). Nuestro Salvador pudo haber permanecido en el cielo, darnos la Biblia y mandar a Su Espíritu Santo para ayudarnos. Pero Él sabía que necesitábamos ver el compromiso en acción. Por eso es que **voluntariamente** entregó Su vida por nosotros. Él cumplió con lo que dijo que haría, por eso podemos vivir con Él, ¡tanto ahora como por siempre! Y Él quiere que sigamos Su ejemplo y que vivamos para Él (Tito 2:14).

¿Qué hubiera pasado si Jesús hubiera decidido no ir a la cruz a última hora? ¿Qué tal si hubiera dicho, "Estoy muy cansado. Aunque prometí hacerlo, va a ser muy difícil, y a la gente probablemente no le importe si lo hago o no. Además, ¿Por qué he de sufrir por los que seguirán odiándome?" ¡Vaya! Si Él no hubiera cumplido con Su compromiso, el destino del mundo entero hubiera cambiado. Pero por su tremenda promesa, hoy tenemos salvación y la vida eterna. Jesús nos dice que Él estará a nuestro lado, pase lo que pase. Nos asegura que nos dará fuerza y protección para cumplir con lo que nos ha llamado a hacer.

¡Pero mi promesa no tiene *tanta* importancia!

Podemos caer en la trampa de creer que nuestros compromisos no son tan serios como el que hizo Jesús con nosotros, entonces podemos llegar a creer que no es tan necesario cumplirlos. Siempre estamos tratando de disminuir la importancia de nuestras faltas y hacemos miles de excusas para evitar la incomodidad de nuestras malas decisiones y acciones. Pero la verdad es que: Cuando nos convertimos en discípulos de Cristo, nuestras vidas deben reflejar Su carácter y Sus valores. La Biblia dice que los seguidores de Jesús deben estar con Él (Juan 12:26). Esto significa que estamos sentados a Sus pies, aprendiendo, imitándolo y convirtiéndonos en lo que Él quiere que seamos. El cumplir con nuestra palabra es extremadamente importante para Dios porque Él ES Verdad.

• Digamos que alguien te pide que lo ayudes a mudarse de casa el sábado. En el primer escenario, escribe (o platica con el grupo) cómo contestarías si le puedes ayudar (recuerda que debes contestar las tres preguntas que mencionamos, antes de comprometerte). Luego, escribe lo que dirías en una situación en la que no puedes ayudarle. Te puede parecer extraño hacer esto, pero el practicar cómo debes responder en el futuro te ayudará a prepararte mentalmente para cuando se presente la situación.

¿Qué si me siento defraudado por Dios?

Muchas veces justificamos nuestras acciones al culpar a otros, o al hacernos la 'victima'. Una trampa en la que cae la gente es en 'orar' por una situación, pero cuando la respuesta no es la que esperaban en lugar de aceptar la voluntad de Dios, reniegan y se quejan. O tal vez pasan por alguna dificultad y culpan a Dios por abandonarlos. Usan esto como excusa para hacer lo que quieren, porque creen, equivocadamente, que Dios no cumplió con Su parte del trato. Lo culpan por no ser atento o confiable.

Pero esto es un disparate imprudente y es una manera de tratar de conseguir lo que queremos. Si verdaderamente tenemos una relación íntima con el Señor, entenderemos que nosotros somos los que debemos pedir ayuda. Nosotros somos los que esperamos en nuestro líder. Nosotros debemos someter nuestra voluntad a la de Él. Y sabemos que debemos estar en oración, pero dejarle los resultados a Dios.

Solamente porque no recibimos lo que deseamos, debemos entender y confiar que Dios está absolutamente comprometido con nosotros, y Él nos dará exactamente lo que necesitamos en el momento adecuado. Seguimos comprometidos a vivir de acuerdo con sus mandamientos sin importar como nos responde. Además, muchas veces lo que recibimos de nuestras oraciones es consuelo, fuerza, paz, gozo y esperanza. Esto muchas veces suele tener más valor que muchas de las cosas que pedimos. Y podemos agradecerle que ¡no siempre nos da lo que pedimos! ☺

También es esencial *creer* que Jesús es el único a quien le podemos confiar completamente nuestras vidas. A veces confiar en Él es como caminar en la playa en medio de la neblina. Aunque sabemos que el mar está ahí, no lo podemos ver. Pero eso no cambia lo que sabemos o creemos de que sí, está ahí. Igualmente, puede que no veamos a Dios obrando en nuestras vidas, pero si tenemos fe, entonces tendremos la fuerte impresión de que Él está ahí beneficiándonos de alguna manera. Y ya nos ha dado todo tipo de pruebas de que nos ama—por medio del sacrificio de Jesús y por medio de Su creación (Romanos 1:2). Muchas veces solo necesitamos estar quietos y *confiar en Su carácter*.

¿Cómo afectan mis compromisos al Señor?

En realidad, no es Dios quien nos decepciona, sino al revés. Tal vez nos sirva el reconocer cómo le afecta a Dios el incumplimiento de nuestros compromisos. En Levítico 26:9-12, leemos del pacto formidable que Dios hizo con su pueblo querido, Israel. Incluso, todo el Antiguo Testamento fue escrito para ilustrar la relación inestable que los judíos tenían con su Dios. Leemos de un tiempo en particular en las Escrituras cuando Dios tiene el corazón destrozado porque Su pueblo le era infiel (Jeremías 2:1-13). La 'esposa' en la Biblia se refiere al pueblo de Dios. En el Antiguo Testamento era Israel y hoy somos los cristianos. Incluso, una de las razones por las cuales Cristo vino fue para cerrar esta división entre los dos grupos (Romanos 11:25-31).

Cuando Dios nos creó, sabía que en nuestro estado pecaminoso nunca seríamos capaces de cumplir nuestra parte del pacto. Sin embargo, vemos que Dios sigue cumpliendo con Su promesa eterna, y nos asegura que continuaremos en la relación con Él si escogemos seguir firmes en la fe (Jeremías 31:31-13). Jesús vino a cumplir la promesa de Dios para que por medio de Él tengamos el poder de llevar a cabo Su voluntad.

Dios en realidad siente una gran tristeza por nosotros cuando no vivimos de acuerdo a lo que Él sabe que es mejor para nosotros (Efesios 4:30). A veces pensamos que Él es tan grande que puede manejar cualquier cosa que hagamos. Él sí es muy poderoso pero muchas veces no lo vemos como el padre amoroso que es—y nuestro íntimo amigo. Seguido le causamos dolor sin pensarlo dos veces. Pero al pensar que nuestro Señor sufre por nuestra desobediencia puede motivarnos a mejorar nuestro compromiso a la santidad.

Cuando lleguemos a entender y confiar en la fidelidad y provisión de Dios por medio de nuestras pruebas, será evidente que Dios es *capaz* de cumplir Su parte del pacto, PASE LO QUE PASE, porque Él puede ver todo momento de la eternidad. Nunca habrá 'circunstancias atenuantes' por las cuales Él falle en cumplir Su parte del pacto (Salmos 105:8). Él no es débil y no puede mentir (Tito 1:2 y Hebreos 6:18). Él no se cansa y no duerme (Salmos 121:4). Él nunca cambia (Salmos 102:27, Hebreos 13:8 y Santiago 1:16). Él es todopoderoso y **capaz** de cumplir Su Palabra, la cual es verdad absoluta (Salmos 145:6). No hay *nada* en Su carácter que lo haga cambiar lo que Él se ha propuesto. Nuestro deber es **creer** en Él.

Beneficios de cumplir nuestra palabra

¿Cuáles son los beneficios de cumplir con nuestros compromisos?

• Tenemos la consciencia tranquila

• Establecemos una buena y firme reputación

•Nos fortalecemos cada vez que cumplimos con nuestros compromisos

•Agradamos a Dios

•Se benefician los demás

•Les demostramos a nuestros hijos cómo ser responsables

Otro beneficio increíble de seguir comprometidos con Dios es que Él nos concederá los deseos de nuestro corazón cada vez más y más (Salmos 37:3-5). Este es el resultado de nuestra relación con Él—Él transforma nuestros corazones y nuestras mentes para que empecemos a desear las cosas que Él desea; y entonces, Él realmente responde a nuestras oraciones porque están alineadas con Su voluntad. Aun tenemos que esperar que todo se haga a Su tiempo, pero muchas de nuestras oraciones piadosas se nos concederán (Santiago 5:16). Cuando **le confiamos** nuestro camino, planes y nuestras vidas al Señor, Él promete ayudarnos (Salmos 37:23-24). Cuando confiamos en Él con todo nuestro ser, Él promete mostrarnos el camino (Proverbios 3:5-6). Conforme el Espíritu de Dios obra en nosotros en esta relación íntima, nuestro comportamiento cambia de una forma sobrenatural y comenzamos a tener nuevos pensamientos, sentimientos y valores.

Personalmente, yo quiero que Dios me enseñe el camino porque Él es el único que puede ver mi futuro. Él me conoce desde la fundación del mundo y ¡sabe lo que me espera! Pues Él me formó en el vientre de mi madre (Salmo 139:1-17). Él sabe cuál es mi potencial. Dios ha usado muchas circunstancias en mi vida para comprobar que verdaderamente está conmigo Y yo elijo confiar en el compromiso que Él demostró en el pasado porque creo en la esperanza que Él me prometió para mi futuro.

<u>¿Cómo podemos ser más comprometidos</u>?

¿Cómo aprendemos a ser más comprometidos? Nuestro compromiso con Dios permanecerá constante y vivo si nuestra devoción nace de un corazón tierno y dócil. Esto es el 'amor activo'. Esto significa que tomamos la decisión deliberada de ofrecernos a Él y a los demás. Tal vez no nos demos cuenta, pero ¡nuestros corazones crecen en devoción entre más 'seguimos' al Señor! Además, Él es <u>digno</u> de nuestra adoración; y la alabanza que le rendimos transforma nuestra mente, corazón y nuestro enfoque (Salmos 145). Podemos fomentar este amor por Dios cuando:

Leemos y obedecemos Su Palabra

Oramos

Pasamos tiempo con otros cristianos genuinos

Y nos dedicamos al servicio de los demás.

• Detente y examina tu rutina diaria. ¿Cuánto tiempo pasas leyendo la Biblia? ¿Cuánto tiempo en oración?

• ¿Cuánto tiempo pasas con otros cristianos piadosos y buenos?

• ¿Cuánto tiempo dedicas a ayudar a otras personas que no sean de tu familia o de tu trabajo?

Este ejercicio no es para que te sientas mal o culpable—es para que descubras tus valores, y los uses para honrar a Dios. Claro, que no es fácil cambiar nuestras vidas, pero la recompensa ¡SÍ que vale la pena!

Escrituras que fortalecen y transforman tu carácter

Confía tu trabajo al Señor	Proverbios 16:3
Confía tus costumbres, pecados, actitudes y comportamiento al Señor	Salmos 37:5
Confía tu espíritu al Señor	Salmos 31:5
Comprométete a Su verdad (lo cual significa obedecer aun cuando enfrentes oposición)	1Timoteo 3:9
Confíale tus preocupaciones a Él	1Pedro 5:9
Entiende que Dios quiere una entrega *total*	2Crónicas 15:14-15
Entrégate a Él y te guardará en perfecta paz	Isaías 26:3-4 y 48:16b-18
Deja que Él transforme tu mente con Su Palabra, la Biblia	Romanos 12:2 Hebreos 4:12-13 2Timothy 3:16-17

Empieza por apartar tiempo para dedicarte al Señor regularmente. Apártate de la rutina, del teléfono, la computadora, otras personas y todo tipo de distracciones. Decide dedicar tiempo para renovar y alimentar tu relación con Dios. Renueva tu compromiso a Sus propósitos.

Así es como se transforman nuestros corazones y nuestro carácter. Nuestro tiempo devocional es el que nos refresca de las exigencias del mundo. Esto es más importante cuando creemos que estamos demasiado ocupados y no tenemos tiempo para eso (Josué 24:14-26). Puede ser difícil disciplinarnos al principio, pero si seguimos el plan, con el tiempo, se nos hará más fácil y nos llenará espiritualmente. Al final, te preguntarás, qué hacías cuando no le apartabas tiempo al Señor. Si dejas pasar estas oportunidades, no te sentirás satisfecho.

• Escribe 3 formas prácticas de alejarte de todo para estar con Dios durante la semana. Tal vez puedes cambiar tu horario, pedir ayuda con los quehaceres de la casa, darte una escapadita o levantarte media hora antes que tu familia. Si en verdad deseas dedicarle tiempo, ¡*encontrarás* la manera!

Jesús nos habla claro cuando nos dice que lo sigamos. Necesitamos quitar todo obstáculo en nuestras vidas que nos impide obedecerle. Como hijo de Dios, Él tiene el derecho de exigirnos una lealtad completa (Mateo 16:24-28). **Nada** debe estar por encima de nuestro compromiso de vivir para Él.

Solamente cuando escojamos seguirle, con la ayuda de Su Espíritu, llegaremos a entender la plenitud de la vida cristiana (Mateo 10:38-39). Cuando entregamos nuestra vida entera a Su servicio y Sus planes, descubriremos el verdadero propósito de la vida. Encontraremos la verdadera estabilidad, satisfacción y una autoestima sana. Por lo tanto, haz la promesa hoy de comprometerte más con Dios, contigo mismo y con los demás. Nunca te arrepentirás de tu decisión.

Un compromiso a medias es peor que el no comprometerse en absoluto

REFLEXIÓN

1. ¿En qué áreas de tu vida necesitas mejorar tus compromisos? Puede ser que tengas que comprometerte menos, o más, o simplemente cumplir con los compromisos que ya tienes.

2. ¿En qué aspectos de tu vida te encuentras comprometido? Podrían ser tus relaciones, tu trabajo, tu matrimonio, tus hijos o tu iglesia. ¿Qué te motivó a comprometerte en cada situación? (el amor, el dinero, la culpabilidad, el prestigio, la reputación, etc.)

3. Ahora, en una escala de 1 al 10, escribe cuán importante es cada uno de estos compromisos para ti. Sé completamente sincero.

4. Ahora, considera las áreas en las que estás muy comprometido. ¿Están alineadas con la voluntad de Dios en tu vida? En otras palabras, ¿están tus **prioridades** centradas en Dios y Su reino, y en ayudar a otros a acercarse Cristo? ¿Están centradas en acercarse más a Él? Si no, ¿por qué no?

5. Todos tenemos compromisos corrientes en la vida que son necesarios para vivir en este mundo. Sin embargo, la forma de examinar nuestras vidas para ver si nuestros compromisos están en el orden que Dios manda, es evaluando nuestras acciones con sinceridad. ¿En qué estamos gastando nuestro tiempo, dinero y talento? ¿Estamos cambiando—haciéndonos más cariñosos, menos irritables y más generosos?

6. Considera tus compromisos: ¿Andas de un lado a otro, muy 'ocupado', y sientes que logras mucho, pero en realidad, las cosas que haces son superficiales y realmente no ayudan a nadie? Escribe la importancia de estas actividades en comparación con la eternidad. ¿Serán pertinentes cuando estés delante de Jesús? (Mateo 25:31-46)

NOTAS

_____
_____
_____
_____
_____
_____
_____
_____
_____
_____
_____
_____
_____
_____
_____
_____
_____
_____
_____
_____
_____
_____
_____
_____
_____
_____
_____
_____
_____

CAPÍTULO 4

LA DISCIPLINA

¿Qué piensas cuando oyes la palabra, disciplina?

¿Piensas en un Dios enfadado que no hacque esperar que hagas algo malo para castigarte? ¿Te hace recordar la sensación de dolor, de temor? ¿Te sientes agobiado, inferior o ansioso cuando sabes que vas a ser disciplinado? Tal vez nunca te han disciplinado y no sabes realmente lo que es, o tal vez un padre agresivo te mantuvo 'bajo control' y te 'disciplinó' inapropiadamente.

Empecemos por ver lo que la Biblia dice acerca de esta función poderosa y necesaria: La disciplina.

Si somos adultos, ¿por qué necesitamos ser disciplinados?

La palabra hebrea, disciplina', significa 'castigar con golpes o palabras para corregir, instruir, adiestrar, enseñar o reformar'. Dios sabiamente nos llama Sus hijos porque así como un niño necesita la influencia de sus padres, nosotros necesitamos que el Señor nos dirija si queremos vivir vidas sanas. Y cuando no vivimos de acuerdo a Sus mandatos, necesitamos Su corrección.

Cuando Dios siente que necesitamos ser disciplinados, nos permite pasar por situaciones incómodas y hasta circunstancias dolorosas para hacernos más humildes. La humildad no es humillación, sino una actitud que nos lleva a admitir nuestra dependencia de Él.

Contrario a lo que creemos, Él permite estas pruebas porque nos ama (Hebreos 12:6). Esta escritura dice que si Él no nos disciplina, no somos verdaderamente Sus hijos (Hebreos 12:7-9). La disciplina del Señor siempre es perfecta. Él nunca disciplina por enojo, frustración o sin pensarlo.

También vemos que Él nos corrige para que podamos participar de Su santidad (Hebreos 12:10). ¡Qué privilegio poder participar de la naturaleza de Dios todopoderoso! Conforme seguimos Sus caminos y planes, nos parecemos más a Él porque conforme escogemos abandonar la desobediencia, el Espíritu Santo se siente más cómodo en nuestra vida. Dios quiere que vivamos una vida justa para que experimentemos el cumplimiento de Sus propósitos. Lejos de ser un amo cruel e injusto, Dios quiere lo mejor para nosotros, y usará situaciones y personas difíciles en nuestras vidas como un proceso de la refinación que Él sabe que necesitamos. Aunque es cierto que Él nos da la libertad de ignorar Su corrección, las consecuencias son graves (Proverbios 15:10).

• ¿Crees que eres demasiado bueno o demasiado viejo para ser disciplinado? ☺

Rebelión

Lo opuesto de vivir una vida de disciplina espiritual es la *rebelión*. La traducción hebrea de la palabra, rebelión, es 'amargar; pecar gravemente; o rebelarse'. Básicamente dice: "Yo haré lo que yo quiera, sin importar lo que diga Dios". El orgullo y la rebelión son aliados; si tienes uno, el otro seguro que le seguirá. 'El orgullo? Dice: "Yo puedo vivir mi vida separado del poder de Dios y yo soy la única persona que realmente importa". Recuerda, esta fue precisamente la razón por la que Satanás fue arrojado del cielo (Isaías 14:12-14) y a Dios no le desagrada menos esta actitud hoy en día.

La Biblia dice que la obediencia es la llave al corazón de Dios, pero la rebelión es tan mala como la hechicería (1Samuel 15:22-23a). En la Biblia Dios prohíbe estrictamente esta práctica (Levítico 19:26 y Deuteronomio 18:10-14). Cuando consultamos cualquier otra cosa que no sea el Señor para guiar nuestras decisiones o nuestro futuro, es como si dijéramos que Dios no es sabio o importante como para dirigirnos. Y cuando rechazamos el consejo de Dios, la Biblia dice que somos tontos porque rechazamos la corrección (Proverbios 12:1).

También nos exponemos a fuerzas diabólicas cuando buscamos sabiduría por otros medios que no sean Dios y la Biblia. A propósito, la astrología (no el estudio de las estrellas, sino lo que la gente usa para determinar su destino), y los horóscopos están en esta categoría. Si 'lees' tu horóscopo, usas las cartas del tarot, juegas con el tablero de la guija u otras cosas por el estilo—DEJA DE HACERLO. Estos pasatiempos son verdaderamente satánicos por naturaleza. Lo que parece ser inocente te lleva a la 'adivinación', lo cual es una práctica que usa la magia y el ocultismo para adquirir entendimiento en lugar de buscar la sabiduría de Dios (Deuteronomio 18:10-14)

• ¿Cuáles son unas prácticas que usas para adquirir entendimiento y sabiduría en tu vida que no son de Dios?

Autodisciplina

Si fuimos criados sin disciplina, podemos fácilmente transferir nuestra actitud y costumbres malsanas a nuestra vida de adulto. Es posible que tratemos de conseguir lo que queremos sin importar a quien lastimamos. Podríamos ser tan malcriados que seguimos haciendo berrinches cuando las cosas en la vida no salen a nuestra manera. Aparte de ser insoportable, este comportamiento puede afectar negativamente nuestras relaciones con otros y con Dios. Cuando vivimos como si nadie más importa, tratamos de manipular o hacer pucheros cuando queremos algo. Luego, nos enfadamos cuando no recibimos lo que pedimos en oración.

Pero recuerda, somos hijos del Señor, y como tales, a veces necesitamos que nos diga 'NO'. Cuando ignoramos a los demás por nuestra falta de control, no fijamos límites positivos; y terminamos hiriéndonos a nosotros mismos y a otros. La Biblia dice que, "una persona sin control propio es como una ciudad con las murallas

destruidas" (Proverbios 25:28). Como no tenemos murallas alrededor de nuestras ciudades, podemos llegar a pensar que es un proverbio ridículo. Pero en tiempos bíblicos, las ciudades tenían paredes muy altas y gruesas para protección; si su paredes no estaban seguras, corrían el peligro de perder sus pertenencias, su ciudad y sus propias vidas.

Podemos comparar estas paredes a los límites sanos que ponemos en nuestras vidas. Cuando nos negamos a controlarnos a nosotros mismos somos vulnerables a los ataques del enemigo. La inseguridad es común porque no tenemos con qué compararnos y se nos hace difícil distinguir entre lo bueno y lo malo. Así como un cerco con una brecha, la falta de límites permite influencias negativas en nuestras vidas y no nos protege.

Aunque vivir de acuerdo a nuestros sentimientos, pensamientos y deseos, a veces, puede ser agradable, la verdad es que fuimos creados para desear y necesitar límites morales, físicos y espirituales en nuestras vidas. Cuando Dios nos corrige, es para que aprendamos dominio proprio por el proceso de someter nuestra voluntad a la de Él. Es posible que creamos que el dominio propio o la autodisciplina es algo imposible de lograr, que no incluye placer ni gozo. Pero veremos que cuando aprendemos a controlarnos por medio del Espíritu Santo, sentiremos satisfacción. Conforme aprendemos a comportarnos como Dios prefiere, eso nos dará el sentido de bienestar en nuestras vidas. Y el fruto eterno y genuino viene de una vida sometida al control de Dios.

• ¿Cuáles son 2 áreas en tu vida en las que necesitas más dominio propio?

¿Estás resistiendo la corrección del Señor?

La gente piensa que si obedecen 'todas las reglas', escaparán la corrección de Dios. Muchas religiones en el mundo están basadas en una filosofía de 'las apariencias'. Piensan que si cumplen con las formalidades de ser amables, ir a la iglesia y ayudarle a los viejitos, engañarán a Dios y a los demás. Y posiblemente le digan a Dios: "¿Por qué estoy pasando por esto? ¡Pensé que estaba haciendo todo bien!". Se resienten cuando pasan pruebas y dificultades porque creen que su 'buen' comportamiento compensa la falta de una devoción pura y sincera hacía Dios (Mateo 23:25-28). Jesús les habla a los líderes religiosos de esa época pero el concepto es exactamente igual para nosotros cuando nuestros motivos no están alineados con nuestro comportamiento.

Dios nos reprende cuando 'fingimos 'la vida cristiana, porque Él desea suavizar nuestro corazón par que le obedezcamos por amor a Él y no por obligación. Nuestra tendencia a seguir reglas o ritos no hace que Él nos ame más de lo que ya nos ama. Incluso, le ofende que pensemos y nos comportemos así. Aunque Dios se deleita cuando deseamos seguir Su voluntad y andar en Sus caminos, Él nos ama profundamente y exactamente igual, sin importar qué tan seguido lo demostramos.

Tendemos a escondernos de Dios cuando sabemos que le hemos fallado. Pero entre más tiempo nos toma acercarnos a Él y admitir nuestras faltas, arrepentirnos de nuestro egoísmo y volver a seguir Sus caminos, más tiempo pasaremos 'dando vueltas con Él' hasta que ya sea, endurezcamos nuestro corazón y lo rechacemos, o nos sometamos a Su corrección y modifiquemos nuestra vida para comportarnos como Jesús.

• ¿Cuáles son 2 áreas de tu vida que actualmente estás rindiendo ante el Señor?

• ¿Cuáles son 2 áreas en las que estás rechazando a Dios y siguiendo tus propios deseos?

Libertad verdadera

Dios nos creó a Su imagen y hasta que no vivamos conforme a lo que Él nos ha indicado en las Escrituras y por la sabiduría del Espíritu Santo, no sentiremos verdadera satisfacción. Al solo ver a la sociedad que nos rodea podemos comprobar que el vivir de una 'forma egoísta' resulta en ansiedad, inestabilidad y depresión. Conforme vemos decaer la moralidad y la disciplina en nuestra nación hoy en día, vemos que aumenta el caos por todos lados.

Mucha gente piensa que Dios es solo normas y reglamentos. Pero repito, su **amor** es la fuerza motivadora detrás de todo lo que Él hace (Apocalipsis 3:19). Como un padre maravilloso, Él quiere mantenernos alejados de las cosas que nos traerán dificultades y dolor. La realidad es que si Dios no distinguiera entre el bien y el mal, no lo respetaríamos. Aunque nos sentimos incómodos cuando nos disciplina, nunca estamos más seguros y más amados que cuando nuestro Padre está en control y nada lo hace flaquear, Me reconforta mucho saber que Dios no puede ser irritado, manipulado o distraído por mis tonterías o mi egoísmo.

Recuerda, siempre tenemos 'libertad' para pecar. Pero esa no es una libertad genuina. Es una esclavitud a nuestra carne. Solo cuando permitimos que el poder y el Espíritu de Dios nos fortalezca es que podremos vencer nuestros viejos deseos y ser verdaderamente libres.

• ¿Dirías tú que obedeces al Señor por temor o por amor?

La disciplina bíblica

La Palabra de Dios tiene mucho que decir acerca de la disciplina. Para un estudio adicional, les sugiero que tomen su tiempo devocional para meditar sobre estas escrituras. También pueden buscar las siguientes referencias en sus Biblias:

• No ignores al Señor ni te desanimes cuando te corrija, porque Él te está demostrando Su amor por ti (Proverbios 3:11-12).

• El temor del Señor es el principio de la verdadera sabiduría, pero los insensatos rechazan la sabiduría y la disciplina (Proverbios 1:7).

• Para aprender, debes *amar* la disciplina; es una tontería despreciar la corrección (Proverbios 12:1).

• Los necios piensan que están en lo correcto, pero los sabios prestan atención a otros (Proverbios 12:15).

• Hay un camino delante de cada persona que parece correcto, pero termina en la muerte (Proverbios 14:12).

• Aquellos que siguen el camino de Dios temen (respetan) al Señor, pero los que toman el camino equivocado lo *desprecian*.

• Darle la espalda al Señor trae destrucción (Proverbios 1:28-33).

• Los sabios con gusto reciben instrucción pero los necios caerán de narices (Proverbios 10:8).

• Las personas que aceptan la disciplina van en el camino que conduce a la vida eterna, pero los que la ignoran se descarriarán (Proverbios 10:17).

• Si rechazas la disciplina, te haces daño, pero si escuchas la corrección, crecerás en entendimiento (Proverbios 15:32).

• La Palabra de Dios es el mapa para nuestras vidas (Proverbios 6:23).

La disciplina sana

La disciplina sana es beneficiosa cuando se ejerce con prontitud y justa, firme y amorosamente. Además, la disciplina buena *siempre* establece límites sanos. Si se ejerce correctamente es, más que todo, para el beneficio de la persona disciplinada.

Lejos de ser causa de desesperación, la obediencia y el autocontrol resultan en una vida llena de vitalidad, ánimo y perseverancia. Este es el modelo que Dios usa con nosotros, y es el modelo que debemos usar en la crianza de nuestros hijos. Hablaremos más de este tema en el estudio, "La disciplina de nuestro hijos" que se encuentra en este libro.

• Piensa en una situación reciente en la cual pasaste tiempos difíciles o de disciplina por tus pecados o por tus malas decisiones.

• ¿Cómo te sentiste durante esa prueba? ¿Te sentiste como una persona 'mala' o como un hijo amado?

• Crees haber madurado durante ese tiempo?

• Tu relación con Dios se estrechó o se distanció?

Serás como aquellos con quienes te juntas (Proverbios 13:20)

Ya que somos influenciados por los pensamientos y el comportamiento de los demás, nuestra habilidad de disciplinarnos a nosotros mismos y de vivir una vida piadosa, será afectada por las personas con quienes compartimos nuestro tiempo. Cuando nos convertimos al cristianismo, probablemente tendremos amistades que aun no han aceptado a Jesús. Pero uno de los peores errores que podemos hacer es tratar de mantener estas relaciones. Si tus viejos amigos viven vidas inmorales, es muy importante que empieces a distanciarte de ellos. Aunque debemos de tratar de influenciar a otros con el evangelio de Jesús, debemos compartir la mayoría de nuestro tiempo con otros creyentes que viven una vida cristiana auténtica. Puede ser difícil imaginar, pero viejas amistades que no han aceptado la salvación te pueden llevar de vuelta a tu vida antigua antes de que tú los lleves a Cristo.

Al mismo tiempo, si verdaderamente estamos buscando a Jesús, las personas con quienes compartíamos nuestro tiempo no nos atraerán más. Nuestro comportamiento que nos divertía tanto nos parecerá muy inapropiado ahora. Conforme nos asemejamos más al Señor, instintivamente nos acercaremos más a los que demuestran el fruto del Espíritu Santo—personas positivas, sanas y llenas de esperanza. Esto no quiere decir que tus amistades sean malas, pero nuestra vida cristiana debe producir virtudes y valores tan diferentes que nos harán sentir incómodos cuando presenciamos lenguaje y conducta indecente.

Al igual, rodearnos de personas sanas que aman a Dios es esencial para nuestro crecimiento cristiano. A veces es difícil separarnos de estas amistades, pero es esencial si queremos aumentar nuestra fe. Esta no es una 'sociedad secreta', es para preservar nuestra actitud transformadora, pensamientos y comportamiento.

• ¿Tienes amigos con quienes compartes la mayoría de tu tiempo que tal vez no son buenos para tu camino cristiano?

• ¿Estás dispuesto a dejar esas amistades por amor a Cristo? (Mateo 10:34-39).

¿Cuáles son los beneficios de la disciplina?

Aunque no lo creas, el *gozo* es un gran beneficio que recibimos al permitir la disciplina de Dios en nuestras vidas (Job 5:17 y Salmos 94:12). Al igual que nuestra relación familiar, cuando se aplica la disciplina a la desobediencia, se corrige la actitud y las relaciones se restauran. Y es exactamente lo mismo con nuestro Padre Celestial. Al conformarnos a Su voluntad por medio de la disciplina, y al vivir de acuerdo a Su Palabra, el fruto dulce de nuestra relación restaurada será nuestro deleite al obedecerle.

También verás que recogerás una *cosecha de una vida justa* si aceptamos Su disciplina (Hebreos 12:10-11). Yo antes pensaba que quebrar las reglas y 'hacer lo que me diera la gana' era divertido. Después de todo, '¡así era yo!'. Sin embargo, después de muchos años de vivir así, me di cuenta de que estaba cansada de mí misma y estaba lista para algo mucho mejor que el egoísmo, los días vacíos, el odio a mí misma y un futuro sin esperanza.

Cuando me convertí al cristianismo, aprendí que fui creada para vivir a la sombra del Dios altísimo (Salmo 91). Mi vida no tenía sentido aparte de mi relación con el Señor. Me di cuenta de que no estaba cumpliendo con el propósito que Dios tenía para mi vida porque yo estaba siguiendo mi propio camino. Lo raro era que ni siquiera me había dado cuenta de que iba a la deriva sin rumbo fijo. Lo único que sabía era que era muy infeliz.

Conforme pasamos por pruebas de disciplina, aprendemos más de nosotros mismos porque estas pruebas de fuego nos demuestran lo que realmente somos (Salmos 119:65-80). Aprendemos límites nuevos e incrementamos nuestra estabilidad cuando confiamos en el Señor por medio de nuestras pruebas y sufrimientos. Nos damos cuenta de que entre más nos apoyamos en Él, más fuertes somos (2 Corintios 12:9-10).

Se nos puede hacer muy difícil obedecer a Dios al principio de nuestro caminar cristiano, o después de una temporada de rebeldía. El cambio siempre es difícil, pero ¡no te rindas! A todos se nos hace difícil someter nuestros deseos, decisiones y planes a alguien más. Pero cuando llegamos a conocer mejor el carácter de Dios y Sus caminos, se nos hará más fácil aprender a someternos a Él porque aprenderemos que Su disciplina y dirección siempre es justa y amorosa.

Poder transformador

Las buenas noticias son que no importa cómo fuimos criados o cómo vivimos ahora, el poder de Cristo puede cambiar nuestras vidas completamente. Cuando entregamos nuestra voluntad a Sus planes y propósitos, Él nos da el poder y el deseo de tomar el control de nuestras emociones, acciones y pensamientos, lo cual nos prepara para el servicio productivo en Su reino (Filipenses 2:13). Cuando le permitimos al Espíritu Santo que nos forme, veremos que necesitamos menos corrección. Nuestros deseos cambiarán y desearemos más los caminos de Dios en lugar de los nuestros. Y esto nos traerá lo que verdaderamente hemos estado buscando toda la vida—gozo, paz, esperanza y estabilidad verdadera.

REFLEXIÓN

1. ¿Crees que sí necesitas la disciplina de Dios de vez en cuando?

2. ¿Qué es la rebelión?

3. ¿Qué actitud acompaña la rebelión?

4. ¿Tiendes a esconderte de Dios cuando le desobedeces? (esconderse puede ser cuando ignoramos nuestro pecado, lo justificamos o nos alejamos de la iglesia, la Biblia y de otros cristianos).

5. ¿Le temes más a las consecuencias de tu pecado que a lastimar al Señor con tu pecado?

6. Escribe los nombres de 3 amistades o familiares que sospechas que dañan o impiden tu relación con Dios.

7. Escribe 2 formas en que puedes empezar a distanciarte de ellos.

NOTAS

CAPÍTULO 5

LA DISCIPLINA DE NUESTROS HIJOS

Este estudio será más fácil si ya has completado el estudio sobre la disciplina de Dios para adultos. La disciplina que recibimos del Señor es un modelo que debemos seguir cuando disciplinamos a nuestros hijos. Y cuando aceptamos la corrección de Dios, empezamos a vivir como ejemplos de la obediencia y la santidad para nuestras familias.

¡Aviso!

Me gustaría empezar por decirles que yo no fui una buena madre al criar a mis propios hijos. Solo por la gracia de Dios es que esas relaciones han sido restauradas. Sin embargo, en los 22 años que llevo de ser hija de Dios y que he recibido Su disciplina cariñosa, creo que he llegado a *entender* cómo Él quiere que criemos a nuestros hijos. Su Palabra contiene mucha información la cual he tomado para escribir una gran parte de este estudio.

Además, es posible que tengas tus propias opiniones sobre este estudio y tal vez algunos rechacen sus verdades. Puede ser que algunas de las palabras que usamos en este estudio no sean de tu agrado. Nuestra forma de pensar ha sido anonadada por la sociedad y hemos dejado de usar ciertas palabras por no 'ofender' a nadie. Pero yo uso palabras antiguas como 'disciplina', 'nalgada' y 'castigo'. Posiblemente se te erice la piel, pero son palabras bíblicas. Y ya que en miles de años Dios no ha cambiado el significado ni el nombre de estas palabras en la biblia, seguiré Sus caminos.

Puede ser que te pongas a la defensiva al leer este material como cuando alguien nos dice cómo debemos criar a nuestros hijos. Y nuestra cultura nos ha lavado el cerebro y nos hace creer que debemos poner a nuestros hijos primero y dejarlos que hagan lo que ellos quieren para no dañar su personalidad.

Pero si tu hijo no sabe respetar ni cómo controlarse, espero que permitas que Dios te hable por medio de este estudio. Le pido a Dios que Su sabiduría eterna te beneficie en este tema tan importante. Nuestro deber, como cristianos, es alinearnos a los caminos del Señor y no ignorarlos o negarnos a cambiar. Aunque no seas una persona de fe, estas verdades tienen mucho valor.

Como hay una sección sobre el castigo corporal (palmadas en el trasero o nalgadas), quiero decirles que hay gente que no es partidaria de dar nalgadas a sus hijos. La mayoría de personas quieren ser buenos padres pero no crían a sus hijos conforme a la Biblia porque no saben cómo hacerlo. Hoy en día, la mamá y el papá necesitan 'permiso' para tomar la posición de autoridad en la vida de sus hijos. Algunos piensan que pueden corregir a sus hijos con solo *explicarle* a su pequeño de 2 o 3 años porqué no debe actuar de esa manera. La verdad es que, a esa edad, los niños todavía están demasiado inmaduros mental y psicológicamente como para entender este tipo de corrección.

Finalmente, sí hay niños que no es necesario darles palmadas en el trasero para disciplinarlos. Obviamente, no debes darles nalgadas a tus hijos si no es necesario. A veces, basta con una 'mirada' o el tono de voz. Pero para la mayoría de niños habrá situaciones en las cuales necesitan una nalgada. Si tienes un hijo rebelde, entonces el estudio a continuación tiene grandes verdades de la Palabra de Dios que te ayudarán a recobrar la paz en el hogar.

Si tus hijos son estables y bien portados, mis respetos. Tal vez puedas compartir este estudio con tus amistades que no entiendan cómo enseñarles a sus hijos 'los caminos del Señor'.

<u>Empecemos por asesorar nuestra habilidad de padre de familia:</u>

• Escribe el tipo de padre/madre que crees ser. Puedes usar palabras como: Liberal, permisivo, moderadamente estricto, autoritario, controlador etc.

• Ahora, considera a tus hijos. ¿Son bien portados, indisciplinados, o están controlando (y arruinando) tu hogar?

El comienzo de la crianza liberal

El Doctor Spock parece que se equivocó. Él enseñó que debemos usar todo método <u>menos</u> el castigo corporal (nalgadas) para disciplinar a nuestros hijos. Otros psicólogos nos enseñan que nuestros hijos pequeños son muy sensibles y al usar cualquier tipo de límite o castigo dañamos su espíritu.

Sin embargo, con solo ver a nuestra sociedad vemos que el cambiar los métodos bíblicos de la crianza de niños por una crianza pasiva, no ha dado buenos frutos en la mayoría de los niños. Claro que hay algunos que son hijos maravillosos, pero vamos a discutir algunas de las formas en las cuales la sociedad ha socavado y debilitado los métodos bíblicos de la crianza de niños, lo cual ha influenciado a los cristianos en este proceso.

¿Qué dice la Biblia acerca de la disciplina de mi hijo?

¿Estás listo? Proverbios 19:18 dice que *arruinarás la vida de tus hijos* si no los disciplinas. ¡VAYA! Cuando no los disciplinamos les causamos dificultades cuando les llegue el momento de someterse al Señor. En nuestra cultura de hoy en día, vemos una gran falta de respeto a las autoridades y aun menos respeto a Dios. El verso 23 dice que respetar a Dios nos da vida, seguridad y protección del mal. ¡Con razón hay tanta gente intranquila, vulnerable y temerosa!

La Biblia dice que el temor a Dios es la base de la sabiduría (Proverbios 9:10) y los necios desprecian la sabiduría y la disciplina (Proverbios 1:7b). El 'temor' a Dios no significa terror, sino más bien un respeto sano hacia Él. Así como debemos tener una actitud bien equilibrada hacia Dios, nuestros hijos deben aprender a tener un cierto nivel de temor y respeto para sus padres. Cuando disciplinamos a nuestros hijos con amor y firmeza, les enseñamos esta actitud.

Recuerdas cuando eras niño, ¿tenías miedo de que te castigaran y te quitaran la televisión o algún privilegio? ¡No! Pero si sabías que papá ya venía para la casa y te iba a dar una nalgada por lo que hiciste – ¡entonces SÍ te entraba el miedo! Probablemente, si fuimos criados de esta manera, amamos y respetamos más a nuestros padres por tener la valentía de ponernos límites. Nos enseñaron a tener autocontrol y por eso nos sentimos más seguros y amados que si nos hubieran dejado hacer lo que quisiéramos.

Siempre es desagradable para el padre y para el hijo cuando hay que disciplinar. Sin embargo, así como es necesario para el desarrollo en un adulto que Dios nos corrija, también es necesario para el desarrollo de nuestros hijos que los disciplinemos. Cuando nuestros hijos están fuera de control, les **robamos** la experiencia que necesitan para formar un buen carácter. Crecerán con un carácter débil e insolente. Esto les causará conflicto y discordia en el hogar, lo cual el Señor *odia* (Proverbios 6:16-19).

Proverbios 19:26 dice que los hijos que le faltan el respeto a sus padres son una deshonra pública y una vergüenza. ¡Y es muy cierto! ¿Cuántas veces hemos visto a un niño caprichudo en una tienda o restaurante? Gritan y patalean para que los complazcan y normalmente, los padres están tan avergonzados que terminan accediendo a lo que el niño quiera. Lo que el niño necesita es que lo saquen afuera y que firmemente se le diga, "No". Si eso no funciona, una nalgada sería apropiada <u>para que aprenda a controlarse</u>.

<u>Los niños a veces se rebelan para que los padres tomen el control</u>

Hoy en día, oigo a los padres preguntarles a sus hijos, ¿qué quieren comer; qué quieren vestir; qué quieren de la tienda; y adonde quieren ir? Parece que para todo quieren la opinión de sus hijos. Aunque sí hay ciertas cosas que se les puede preguntar, de acuerdo a su edad y madurez, muchas decisiones deben ser tomadas por los adultos. La mayoría de las veces los niños, en realidad, no quieren la responsabilidad de tomar estas decisiones—solamente quieren ser niños.

Repito, ¡los niños son muy jóvenes e inmaduros para manejar la vida de los adultos! Conforme van madurando se les va permitiendo tomar más decisiones de importancia. El deber de un niño es de ir madurando a través de las etapas críticas para *llegar a ser* un adulto que toma buenas decisiones. Las decisiones pequeñas son un componente necesario, pero darles mucho control es como entregarle a una secretaria una de las 500 empresas más importantes que figuran en la revista Fortune y decirle, "Toma. Dirígela" – sin ningún entrenamiento previo. ¡Eso sería una locura! Pero esto es precisamente lo que pasa cuando permitimos que nuestros hijos nos controlen y controlen nuestras decisiones.

<u>El castigo corporal</u>

Proverbios 29:15 dice que la vara de corrección imparte sabiduría en nuestros niños, pero el hijo malcriado avergüenza a su madre. Versículo 17 dice que si disciplinas a tu hijo, te traerá tranquilidad y alegrará tu corazón. Proverbios 23:13 dice que el

+castigo corporal <u>hasta puede salvarles la vida</u>, y seguro que ¡no los matará! El castigo corporal es apropiado *siempre y cuando no sea demasiado fuerte, muy seguido o con enojo.* El sistema del mundo nos ha engañado y nos ha hecho pensar que si les damos a nuestros hijos unas palmadas en el trasero los estamos dañando o maltratando.

Mientras estamos tocando el tema, todos sabemos que el maltrato infantil existe. Es un crimen horrible. Por supuesto que yo no estoy recomendando que lastimes a tus hijos. Pero si buscas en las leyes estatales, encontrarás una cláusula donde dice: "Es la responsabilidad de los padres tener control sobre sus hijos". Sí se permite darle una nalgada a Juanito, "siempre y cuando no lo hagas para causar un daño prolongado, ya sea físico o mental". La disciplina de Dios resulta en honor y no en horror.

Los reto a un ejercicio divertido: Pregúntenle a 6 personas mayores de 40 años, si recibieron nalgadas de niños. Ahora, pregúntenles si algunos de ellos sufrieron algún trauma mental o si sus vidas fueron arruinadas como consecuencia. Pregúntenles si se sintieron amados por sus padres cuando los disciplinaban. La verdad es que probablemente no conoceremos a nadie que haya muerto por haber recibido unas palmadas en el trasero cuando se lo merecían ☺. Y probablemente, estas personas dirán que la corrección que recibieron les ayudó a evitar problemas en el futuro, y les enseñó a respetar a sus padres y a las personas de autoridad.

<u>¿Realmente importa la disciplina que reciban mis hijos</u>?

Hoy en día, la disciplina ha deteriorado en nuestra sociedad, tanto en los adultos como en los niños. Todos tienen la idea de que a los niños se les debe dar todo lo que quieran. En la televisión, la insolencia de los niños parece ser graciosa y aceptable. En tiempos atrás, los niños se dirigían a sus mayores con respeto, decían "Con su permiso, por favor, y muchas gracias". Hacían los quehaceres de la casa y se les daba una nalgada ¡cuando era necesario! Ahora se oye a los niños faltarles el respeto a sus padres y hasta darles ordenes. Lo curioso es que ¡los padres obedecen! Definitivamente, hemos perdido nuestro camino.

Leemos en 1Samuel 3:13-14 que Dios nos juzgará por la manera en que criamos a nuestros hijos. La razón por la cual Dios se interesa en la crianza de nuestros hijos es porque si los disciplinamos con amor, los estamos preparando para que se sometan a Dios más tarde en la vida.

Además, cuando criamos a nuestros hijos con una disciplina piadosa, aprenderán a controlarse a sí mismos a una edad temprana y de adultos se les hará más fácil vivir dentro de las reglas de la sociedad. Seguro que todos tenemos amigos, familiares y compañeros de trabajo que todavía se comportan como niños – y a menudo nos enteramos que sus padres no les enseñaron disciplina de niños.

Marcando los límites

Así como necesitamos saber lo que Dios espera de nosotros, nuestros niños necesitan saber lo que nosotros esperamos de ellos. Como Dios es un Dios de orden, Él nos *creó* con el deseo y la necesidad de tener límites. Una parte esencial de la disciplina es que debemos ser constantes en los límites que les ponemos a nuestros hijos. Dios es constante, firme y muy amoroso; entonces debemos reflejar Su ejemplo. Idealmente, los padres deberán sentarse con sus hijos y explicarles las reglas y las consecuencias por desobedecerlas. Las reglas establecidas deberán seguirse constantemente, con solo un pequeño grado de flexibilidad. No te preocupes si no les has enseñado bien a tus hijos. Nunca es tarde para comenzar. Pero presta atención – empieza inmediatamente porque entre más grandes estén, más difícil será introducir costumbres nuevas.

También recuerda que las reglas funcionan solamente si se hacen cumplir. Si a un niño lo regañas por mentir, y la próxima vez lo castigas por una semana por lo mismo, no solo lo confundes, sino que también guardará resentimiento. No respetará las reglas porque verá que no tienen autoridad. Si no te sientes seguro de cómo implementar reglas en tu casa, te puede ser útil el comparar las reglas a las leyes de tráfico. Estas no están para fastidiarnos – están para proteger nuestras vidas y ayudarnos a sentirnos seguros. Sin embargo, el semáforo no significa nada, sino existe ningún castigo por desobedecerlo. La misma idea se aplica cuando invertimos nuestro tiempo y energía en instruir a nuestros hijos sobre su conducta.

¿Qué pasará si no disciplino a mis hijos?

1Reyes 1:6 nos enseña que si no disciplinamos a nuestros hijos, ellos no sabrán funcionar dentro de los límites del hogar o de la sociedad. Crecerán siendo malcriados, egoístas, sin autocontrol y su desarrollo será limitado. Si les enseñas a

tus hijos cómo controlarse, les evitarás mucha miseria en su futuro y en el nuestro. Cuando un niño se porta mal, puede parecer 'gracioso' ahora, pero seguro que no será gracioso cuando crezca.

Claro que van a haber ciertos comportamientos que todos los niños tendrán porque simplemente son parte del desarrollo. Ellos nos pondrán a prueba y se meterán en problemas para conocer nuestros límites. Hasta cierto punto esto es normal y aceptable. Están descubriendo quienes son, sus fuerzas y habilidades en un ambiente sano y seguro. Pero cuando les permitimos que nos falten el respeto o que sean desobedientes, los estamos perjudicando. Cuando nos gritan y patalean, no debemos aceptar ese comportamiento y decir, "Están en esa edad", o "así es Juanito—tiene una personalidad muy fuerte y no lo puede evitar". Cuando hacemos esto, estamos animándolos y aceptando su rebeldía. La Palabra de Dios dice que la disciplina física alejará al muchacho de la necedad (Proverbios 22:15).

Dios dice que la rebeldía es tan pecaminosa como la hechicería (1Samuel 15:23). Esto es, porque la rebelión viene de un corazón duro y Dios no puede ayudarnos cuando deliberadamente lo rechazamos por nuestra terquedad. Y esta actitud empieza cuando somos jóvenes. Si no les enseñamos a nuestros hijos cómo someterse, les estamos enseñando que es mejor que busquen su propio camino en lugar de los caminos de Dios.

Adicionalmente, si no desafiamos a nuestros hijos a crecer y a controlarse a sí mismos, les faltará la disciplina y el deseo de superarse y lograr grandes metas en sus vidas. La rebeldía es parte de la condición humana y batallaremos con ella toda la vida. Por eso necesitamos *instruir* a nuestros hijos en los caminos del Señor. Los niños que son criados en un ambiente amoroso pero firme, al crecer están más predispuestos a ser ciudadanos y cristianos de provecho. Los seres humanos somos como los rosales, crecemos mejor cuando nos podan.

La trampa de los padres

Una trampa común en la que los padres caen hoy en día es el 'sentido de culpa'. Hay muchas formas de la culpa parental, las más comunes son: Sentir remordimiento por no haber sido un buen padre en el pasado; o tal vez hubo un divorcio y sienten que hijos ya han sufrido mucho y no necesitan que se les trate de una forma negativa. Otras veces nuestros hijos parecen estar fuera de control y nos sentimos muy mal porque no tenemos el tiempo ni la energía para corregirlos. Tal vez fallamos en disciplinarlos por completo, y ahora nos insultan y somos incapaces de ponerles un paro.

Puede ser que el niño esté sufriendo por años de falta de atención y de disciplina a y ahora usa el mal comportamiento para recibir más atención. Pero el problema se empeora si creemos que al complacerlos en todo repararemos el daño causado por años de negligencia. Tal vez pensamos que si les damos todo lo que nos piden, les aliviará el dolor. A veces no hacemos nada porque no queremos que 'sufran más'. Dios guarde que los corrijamos y nos pierdan el *cariño.* La verdad de Dios dice que *demostramos nuestro amor* al instruirlos y corregirlos. Es justamente cuando pasan por dificultades que necesitan límites para sentirse seguros.

Así como nosotros necesitamos saber cuando hacemos algo malo y que ni Dios ni la sociedad lo tolerará, igual debe ser con nuestros hijos. Dios nos da una consciencia a cada uno, pero si un hijo no tiene a nadie que refrene su necedad, clamará buscando a alguien que sí lo refrenará. Por eso es que vemos a muchos niños gritando y haciendo berrinches en público. Están *rogando* que alguien los corrija para sentirse seguros. Cuando no hacemos nada excepto hablarles suavemente y complacerlos, ¡todavía se sienten terriblemente inseguros!

Otra falla que tenemos hoy en día es que queremos ser los amigos de nuestros hijos. Amigos son los que están al mismo nivel mental y emocional – contemporáneos. Nosotros no estamos al mismo nivel – somos sus **padres**. Fuimos diseñados por Dios para ser sus guardianes, maestros, instructores y ejemplos. Cuando nuestros hijos sean adultos y nuestra instrucción ya haya concluido, *entonces* podremos ser sus amigos. Si adoptamos esta mentalidad de amigos cuando están jóvenes, perderemos la perspectiva de nuestra responsabilidad con ellos, especialmente cuando necesiten corrección.

Cuando tenemos esa 'mentalidad de amigo', perdemos la habilidad de disciplinarlos porque no queremos lastimar a nuestro 'amigo'. No desearemos perder su 'amistad' entonces lo pensaremos dos veces antes de regañarlos. También si los tratamos como 'amigos', ellos perderán cierto respeto por nosotros. Por supuesto que debemos ser 'amigables', pero no debemos olvidar que tenemos autoridad sobre ellos, y por lo tanto, debemos tener control sobre la mayor parte de sus vidas. Así como Dios nos ama íntimamente pero guarda cierta reserva por Su grandeza y poder, así debe ser con nuestros hijos.

Por la misma razón, debemos pensar bien lo que compartimos con nuestros hijos. Aunque es bueno mantener una buena relación con ellos, muchos padres cargan a sus hijos con sus propios problemas. También hablan con sus amistades cuando los niños están cerca y pueden oír. Hoy en día, los niños están expuestos a demasiada información adulta y no tienen la madurez necesaria para manejar este nivel de información.

Ellos sufren de ansiedad cuando los padres les cuentan situaciones adultas. No entienden la angustia de sus padres y no pueden hacer nada al respecto. No es bueno contarles nuestras grandes luchas personales a nuestros hijos – para eso están *nuestras* amistades. Espera hasta que tus hijos sean adultos, entonces pueden ser mejores amigos y podrás confiarles tus dificultades, si ellos así lo desean.

Herramientas para mejorar la forma en que disciplinamos

Un secreto de la disciplina sana es no castigar a tus hijos cuando estás enojado. No podemos ser sensibles ni justos cuando nuestras emociones están fuera de control. Espera hasta que te calmes para tratar la travesura de tu hijo.

Otra cosa que puedes intentar es hacer que tu hijo te explique en *sus* propias palabras lo que hizo mal. Esto les ayuda a entender exactamente lo que hicieron. Si está pequeño, le puedes explicar lo que es el pecado y porqué es dañino. Cuando crezca, podrá identificar las malas decisiones que están en conflicto con la voluntad de Dios.

También, si ha lastimado a alguien, enséñale a que ÉL pida disculpas. No es saludable que tú te disculpes por las acciones de tu hijo. Al hablar por él lo proteges de la consecuencia desagradable de lo que hizo. Si se siente avergonzado por sus acciones y por tener que pedir perdón, estará más consciente del pecado en el futuro.

Finalmente, después de que pase un tiempo y que haya sentido el impacto de sus acciones y las consecuencias, es muy importante que lo acerques a ti y le digas cuánto lo amas. Necesita saber que nada de lo que él haga hará que lo ames menos. Enseñarle lo que significa la reconciliación le ayudará a entender lo que es el perdón de Dios cuando sea grande. Esto deberá hacerse antes de que se acueste a dormir. La oración es una forma maravillosa de restaurar sentimientos positivos y le enseña cómo buscar al Señor cuando ha pecado. Si en ese momento no quiere que lo abraces o aun está rebelde, déjalo tranquilo. Tarde o temprano, extrañará tu afecto.

Puntos prácticos para disciplinar con amor

-El castigo se debe ajustar al delito.

-El castigo se debe imponer inmediatamente después de la ofensa. Esto es especialmente importante para los niños pequeños, porque es más difícil para ellos asociar la disciplina con el castigo si dejas pasar mucho tiempo.

-Demuéstrale cariño después del castigo, ¡pero no de inmediato! Necesita un tiempo para reflexionar sobre lo que hizo. Pero después de una hora, (menos para niños pequeños) hazle saber cuánto lo amas, pase lo que pase.

-No prometas castigarlo y luego no cumples tu palabra. Esto te hará un mentiroso y tu hijo no respetará tu autoridad. Cuando en verdad quieras que te obedezca, te podría ignorar.

-No lo castigues apresuradamente o con enojo.

-¡No le pagues! No deberás premiarlo por obedecerte. Su recompensa debe ser la satisfacción que siente por haber hecho lo correcto. De vez en cuando está bien darle un regalito, pero que ¡no espere un antojito cada vez que se porta bien!

-¡No le ruegues! Nosotros somos la autoridad. La policía nunca me ha pedido por favor que cumpla con la ley. Ellos castigan rápidamente y con firmeza cuando lo merecemos, por eso tienen el respeto de la sociedad, por la forma en que ejercen su autoridad.

-Cuando disciplines a tu hijo explícale porqué lo estás castigando. Como mencioné anteriormente, permítele que diga lo que hizo mal y la razón por la cual lo estás corrigiendo.

Ejemplo: "¿Sara, sabes por qué te estoy castigando?" Si ella dice, "Porque me porté mal", tú le puedes explicar: "Porque le mentiste al señor Rodriguez". Es importante que él/ella confiese su pecado en voz alta porque la sana compunción le da una vergüenza sana. Con el tiempo Sara aprenderá a identificar y a confesar sus pecados por sí misma. Obviamente, tienes que hablarle a tu hijo de acuerdo a su edad y nivel de madurez.

-Enséñale a tu hijo a pedir perdón. Le puedes decir a Sara, "Sara, cuando terminemos aquí, iremos con el vecino para que le pidas disculpas por haberle mentido". Después de que haya pasado suficiente tiempo para que ella reflexione sobre su comportamiento, abrázala cariñosamente y dile cuánto la amas. Este proceso le permite a tu hijo/a sentir un remordimiento sano y le enseña cómo restaurar sus sentimientos y sus relaciones con los demás. También esto le ayuda al niño a hacerse responsable por sus acciones. Ellos verán la relación entre el pecado y sus consecuencias. Además, ¡esto le enseñará a tu hijo a evitar este comportamiento en el futuro! Finalmente, es importante recordar que la disciplina sana y amorosa lo apartará del pecado en el futuro.

¡AHORA es el momento!

Si tienes hijos malcriados tienes que aprender a cambiar tus métodos inmediatamente porque ¡será más difícil con cada momento que pasa! Llegará el punto en que será imposible controlar a tu hijo. Aunque no nos guste, la verdad de Dios dice que quienes no emplean la vara de disciplina odian a sus hijos. Los que en verdad aman a sus hijos se preocupan lo suficiente para disciplinarlos (Proverbios 13:24). La palabra, 'vara' es una herramienta física que se compara al amor y a la dedicación que tenemos por nuestros hijos. La falta de disciplina significa una falta de interés por el desarrollo del carácter de nuestros hijos. La disciplina sana demuestra nuestro amor, protección y cuidado. Se requiere mucha energía y gran persistencia para enseñarles a nuestros hijos el camino de Dios, pero nos costará más a lo largo y nos darán más dolores de cabeza si crecen fuera de control.

Dios es nuestro Padre Perfecto. Él nos ha enseñado, por medio de Su Palabra y carácter, cómo administrar la disciplina sana a nuestros hijos. Recuerda que la relación entre nosotros y nuestros hijos es muy parecida a nuestra relación con Dios. Cuando le obedecemos al Señor, nuestros hijos se darán cuenta a Quien acudimos para pedirle sabiduría, poder, dirección y ayuda. Si ellos ven que sus padres se someten a la autoridad más alta de Dios, se les hará más fácil someterse primero a ti y luego a Él. ¡Ora con ellos! Demuéstrales con tu ejemplo que lo correcto es vivir bajo el control de nuestro Padre Celestial.

Los niños no se sienten seguros y amados cuando se les deja hacer todo lo que quieran.

REFLEXIÓN

1. ¿Cuáles son los cinco puntos esenciales cuando se trata de disciplinar a nuestros hijos?

2. Escribe una cosa atractiva de un niño malcriado cuyos padres no le enseñan disciplina.

3. Escribe los cinco "frutos" que la disciplina sana produce en nuestros hijos.

4. ¿Cuáles son las cinco consecuencias si no disciplinamos a nuestros hijos?

5. Tus niños te respetarán y amarán **más** si eres firme al corregirlos con amor. ¿Cierto o Falso?

6. No es necesario disciplinar tanto cuando nuestros hijos pasan por tiempos difíciles. ¿Cierto o Falso?

7. Cuando no disciplinamos a nuestros hijos, la Biblia dice que no los amamos. ¿Cierto o Falso?

8. Si nuestros niños se sienten mal, está bien no corregirlos en ese momento. ¿Cierto o Falso?

9. Nosotros somos los amigos de nuestros hijos, y como tales, debemos hacer cosas para quedar bien con ellos. ¿Cierto o Falso?

NOTAS

CAPÍTULO 6

FE Y ACCIÓN: LA RELACIÓN ÍNTIMA

La fe cristiana se demuestra por la forma en que actuamos

Es difícil creer que lo único que necesitamos es 'fe' para tener una relación cercana con el Creador del universo. Por lo mismo, es difícil comprender que nuestra fe es la razón por la cual pasaremos la eternidad en un lugar tan inmensamente bello que nuestra mente no lo puede concebir. Pero Dios, en su infinita sabiduría, escogió acercarnos a Él por medios que parecen ser ridiculez para el mundo (1Corintios 1:20-27).

¿Qué es la fe exactamente?

La palabra 'fe' se define como dependencia, lealtad y confianza total. La fe se puede usar en muchas formas, como la simple confianza de que tu auto te llevará hacia dónde vas. También puedes tener una fe más compleja, una firme confianza en Dios, a quien no puedes ver.

Encontramos una de las mejores definiciones bíblicas de la fe en el libro de Hebreos. Dice: "La fe es la confianza de que en verdad sucederá lo que esperamos; es lo que nos da la certeza de las cosas que no podemos ver" (Hebreos 11:1). Dios nos dio Su Palabra por escrito porque quiere que Lo conozcamos. Él quiere que aprendamos a vivir nuestras vidas de acuerdo con Sus principios. La Biblia nos revela adonde iremos después de la muerte, para que tengamos esperanza para el futuro. La fe bíblica se demuestra por nuestra confianza en que Dios nos ama, dirige, protege y fortalece, sin importar cuales son nuestras circunstancias. Esta es la fe que Dios quiere que tengamos los cristianos.

La Biblia dice que "sin fe es imposible agradar a Dios" (Hebreos 11:6). Nuestra fe determina el tipo de relación que tendremos con el Señor. La mayoría de nosotros nos damos cuenta, cuando aceptamos al Señor, que nuestros 'ojos espirituales' estaban cerrados antes de CREER (1Corintios 2:13-16). No podíamos entender los principios de los cuales nos hablaba Jesús porque parecían estar en contra de nuestra sabiduría humana. Pero al poner nuestra esperanza en Cristo, Su Espíritu Santo nos ayuda a entender otra dimensión. Al recibir la salvación nuestro espíritu 'despierta' por medio de la transformación sobrenatural. Como resultado, recibimos nuevo entendimiento y comprensión en el campo espiritual. La fe es la razón por la cual creemos que Jesús vive y obra en nuestras vidas, ¡aun cuando no lo podemos ver! El mundo simplemente no puede entender porqué nos ponemos en Sus manos, y porqué vivimos de acuerdo a Sus principios.

Tener fe no es una decisión que se hace solo una vez. Aunque sí comienza cuando elegimos seguir a Cristo, sigue *creciendo* por medio de un proceso dinámico. Cuando constantemente escogemos los caminos del Señor por encima de los nuestros, empezamos a vivir la vida plena y abundante que Él describe en Juan 10:10. Cuando mantenemos una relación estrecha con Dios, Él nos demuestra Su lealtad en cada prueba. Al final, nos damos cuenta de que Él cumple Su Palabra, sin importar nuestras circunstancias. Esta es la fe activa.

• ¿Cómo describirías tu nivel de fe? Tal vez estás aprendiendo a conocer a Jesús y tu fe es nueva, o puede ser que ya llevas tiempo siendo cristiano y tu fe se ha enfriado.

• ¿Te gustaría tener una fe más apasionada?

Nuestra torre de refugio

La fe tiene dos componentes: Confianza y Esperanza. Confianza es creer que Dios existe y que Él es quien dice ser, tal como lo revela la Biblia. Es la convicción de que Él es perfectamente capaz y confiable para suplir nuestras necesidades.

La palabra 'confianza' se describe en el lenguaje hebreo como: *'huir en busca de protección y esconderse para refugiarse'.* El rey David verdaderamente entendió esto cuando escribió el Salmo 91:1-2.

"Los que viven al amparo del Altísimo encontrarán descanso a la sombra del Todopoderoso. Declaro lo siguiente acerca del Señor:

Solo Él es mi refugio, mi lugar seguro; Él es mi Dios y en Él confío".

Y el versículo 4

"Con sus plumas te cubrirá y con sus alas te dará refugio. Sus fieles promesas son tu armadura y tu protección".

Esto significa que cuando dependemos de Dios y creemos en Sus promesas, ¡Él nos permite refugiarnos bajo Su protección! Es la misma idea como cuando está lloviendo y te metes debajo de las cobijas en tu cama. Es un lugar calientito, cómodo y es un refugio del mundo. Te sientes como si estuvieras escondido. Así es como Dios quiere que nos sintamos cuando confiamos en Él

• ¿A quién buscas tú cuando tienes miedo?

Esperanza

La definición de la *esperanza* es, 'esperar, ser paciente, o anticipar con gran placer'. Cuando tenemos esperanza, quiere decir que creemos en las promesas de Dios para nuestro **futuro.** Esta clase de esperanza incluye la promesa de la vida eterna con Jesús, la expectativa de cuerpos nuevos, glorificados y la seguridad del gozo que sentiremos cuando ya no exista el pecado y el sufrimiento. La esperanza bíblica no significa que 'tenemos la esperanza de ir al cielo' o de que Dios nos salvará del sufrimiento. Es la mentalidad y actitud fundamental sobre la cual construimos nuestras vidas porque *sabemos* perfectamente que nuestra esperanza es: Jesucristo, el Fiel y Verdadero Salvador (Apocalipsis 3:14 y 19:11).

Aquellos que tienen una relación íntima con Jesús se dan cuenta de que Él es *digno* de nuestra esperanza. Él es firme, inmovible, eterno, completamente honesto y absolutamente confiable. Definitivamente, ¡en Él es donde deseo poner mi esperanza! No quiero depender de este mundo traicionero y temporal sino que de Aquel que no cambia ¡ni con el tiempo, el clima, el dolor, las emociones, ni la fragilidad humana!

Muchas veces en mi vida, esta misma esperanza es la que me ha mantenido. ¡Puedo ver la meta final en mi mente! Pablo compara nuestra vida cristiana a una carrera (1Corintios 9:24-26). Así como un atleta entrena para ganar un premio, nosotros debemos mantenernos enfocados en la confianza de que veremos a Jesús en el cielo como nuestro premio por ser fieles en servirle a Él (Mateo 25:23).

A veces deseamos poder ver el futuro. Pero como la esperanza es una *expectativa* para el futuro, Pablo nos recuerda que si se nos diera todo lo que deseamos al instante, no habría forma de fortalecer nuestra fe porque no tendríamos nada por que esperar (Romanos 8:24-25). Desear algo nos mantiene enfocados y con propósito.

• ¿Tienes tú la esperanza firme de que irás al cielo?

<u>Mis excusas</u>

Las excusas abundan cuando se trata de nuestro pecado y la inmoralidad en nuestra vida. Mucha gente quiere vivir de acuerdo a sus propias reglas y defienden ferozmente su 'derecho' a vivir como se les da la gana. Cuando rechazamos los caminos de Dios y Su disciplina, naturalmente queremos culpar a otros para no sentir vergüenza por nuestros pecados o sufrir las consecuencias de nuestras transgresiones.

Y también están aquellos que se consideran 'buenas' personas, pero continúan justificando sus razones para no aceptar a Jesucristo. Estoy segura de que todos nos hemos encontrado con personas que dicen: "Soy una persona espiritual y tengo un andar espiritual. Yo creo en Dios, pero no necesito leer la Biblia o ir a la iglesia para practicar mi fe". ¡Esto no es más que una ilusión! El orgullo es la raíz de esta forma de pensar porque el orgullo dice, "Yo puedo dirigir mi vida sin Dios" Salmo 14:1 dice: "solo los necios dicen en su corazón: No hay Dios". Aun cuando alguien dice: "Creo en Dios pero no deseo tener una relación con Él" – eso básicamente significa que no confías en Dios, entonces en realidad ni te deberías molestar en creer en Su existencia.

La Biblia nos dice que no hay nada tan engañoso como nuestros corazones (Jeremías 17:9). También dice que hay caminos que al hombre le parecen correctos, pero terminan en muerte (Proverbios 14:12). Entonces, como vemos, simplemente el 'sentirse' conforme viviendo una vida espiritual sin Jesucristo no es suficiente. Dios claramente dice que si no tenemos una relación con <u>Su Hijo</u>, no recibiremos la vida eterna (Juan 17:3; Romanos 5:1-11 y verso 21). Además, no podemos vivir la vida que Él tiene preparada para nosotros si vivimos apartados de Su Espíritu Santo (Romanos 8:5-11) y el Espíritu solo está disponible para quienes han puesto su confianza en Cristo (Juan 14:15-21).

• ¿Cuáles son unas de las excusas que tú usas para no servir a Jesús más diligentemente?

<u>¿De dónde proviene mi fe</u>?

Ahora veamos de dónde viene nuestra fe. Leemos en Romanos12:3 que nuestra fe origina de Dios, no de nosotros mismos. Entonces, vemos que nuestro deber no es *buscar* nuestra fe, sino *recibirla*. La Biblia también nos dice que la fe viene de Jesús que es Dios (2Pedro 1:1). En ocasiones Dios le da una medida *adicional* de fe a su pueblo. Este tipo de fe es un regalo extraordinario del Espíritu Santo (1Corintios 12:9).

Romanos 10:17 dice que la fe nace de oír la Palabra de Dios, entonces nuestra fe continúa siendo refinada y fortalecida conforme leemos la Biblia y escuchamos sus enseñanzas. También es necesario obedecer lo que aprendemos de Dios para que incremente nuestra fe. Es fascinante que nuestra fe viene de ¡Dios Padre, Jesús, el Espíritu Santo y Su Palabra!

Encontramos en las Escrituras que es esencial "examinarnos" para saber si nuestra fe es genuina (2Corintios 13:5). La manera en que hacemos esto es en examinar nuestras vidas para ver si estamos madurando. ¿Somos menos irritables ahora que conocemos a Cristo? ¿Nos estamos asemejando más a Él, como dice en 1Corintios 13:4-7? ¿Estamos eliminando nuestros malos hábitos conforme pasa el tiempo? ¿Deseamos tener una relación más profunda con Jesucristo? ¿Damos más de nuestro tiempo, energía, talento y dinero para los propósitos de Dios?

Si estás pasando demasiado tiempo en tus propias necesidades e ignoras a los demás que necesitan tus dones y talentos, entonces tu fe no es lo que debería ser, Ser cristianos significa participar activamente en ayudar a los demás. Esto incluye vivir de una manera que glorifica a Dios. También significa *permitir* que Dios cambie nuestra forma de pensar, nuestro comportamiento y nuestros sentimientos.

La vida cristiana no es un sistema en el cual ganamos puntos para ser más favorables en los ojos de Dios. Lo que **hacemos** por Él debe ser el resultado de nuestro amor y devoción a Cristo. Conforme nos sometemos más a la Palabra de Dios y le permitimos transformar nuestra forma de pensar (Romanos 12:2), esto *resultará* en un cambio en nuestro comportamiento. Nuestra moralidad, valores y metas serán diferentes. Empezaremos a confiar que Dios suplirá nuestras necesidades para que podamos enfocar nuestras vidas en ayudar a los demás (Mateo 6:31-34).

• ¿En qué gastas la mayor parte de tu tiempo, tu dinero y talento?

La fe práctica

Algunas preguntas importantes que la gente hace son, ¿Qué pertinencia tiene mi fe al vivir en este mundo? ¿Qué significa ser una persona de fe? Y ¿Qué otro sentido tiene la fe, aparte de ir al cielo? Santiago 2:14-26 habla de la 'fe en acción'. Estoy segura de que todos hemos visto personas que 'dicen' ser cristianos pero sabemos quienes son realmente por sus acciones (Mateo 23:23-28). Esta escritura se refiere a los líderes religiosos de la época de Jesús, pero el principio espiritual es exactamente igual para nosotros. *Las personas con fe genuina en Jesús demuestran una semejanza a él* y hacen buenas obras porque ese es el **fruto** de su relación con Él (Efesios 2:10).

Otra pregunta que las personas tienen acerca de su fe es si sus oraciones realmente tienen importancia. Tal vez dudas si Dios contesta tus peticiones. Podemos llegar a frustrarnos si no se llega a dar lo que hemos pedido. La respuesta se encuentra en el carácter de Dios. Solamente Él tiene el poder de ver el futuro, y como tal, sabe qué es lo mejor para nosotros. Aunque creemos saber cuál es la mejor respuesta a nuestros problemas y oramos pidiendo eso, la verdad es que nuestra solución posiblemente no encaje en los planes que Dios tiene para esa situación en particular.

Como ejemplo, usemos a nuestros hijos. Tu hija te pide permiso para quedarse en casa de su amiga cristiana. A primera vista parece ser una buena idea, pero lo que ella no sabe es que unos pocos días antes, ocurrió un crimen terrible en esa casa. Por eso, aunque su petición parece ser buena e inocente, tú tienes una visión más amplia y eres más sensato porque tienes más entendimiento de la situación. Eso es exactamente lo mismo que sucede entre nosotros y Dios. Él sabe lo que ocurrirá si nos concede lo que le pedimos. Debemos confiar en que Él puede ver infinitamente mejor que nosotros.

Tal vez hemos estado orando por la salvación de un amigo o un miembro de la familia que aun no ha recibido la salvación. ¡Esta sería, definitivamente, la mejor oración de todas! En este caso debemos reconocer que la voluntad humana es lo único que obstruye la acción de Dios. Seguro que *debemos* pedirle que quite esas barreras y que se presenten las oportunidades para que nuestros seres queridos sean salvos, pero Dios no nos obliga a que lo aceptemos a Él.

Esto también se aplica a la sanación. Muchas veces pedimos por la sanación de una amistad o un ser querido, pero Dios permite su sufrimiento o la muerte. Entonces sentimos que Dios no nos escucha o que no tiene el poder para sanarlos. Pero les repito, Debemos confiar en el *carácter* y el poder altísimo del Dios del universo. Sus caminos son completamente distintos a los nuestros (Isaías 55:8-9), y Él tiene en vista la eternidad.

He presenciado muchas circunstancias en las cuales el dolor intenso de estas personas las lleva a aceptar a Cristo. También conozco a personas que se han motivado a cambiar sus vidas a consecuencia de la muerte de un ser querido. Aunque, por supuesto, *debemos* orar por la sanación de los enfermos, también debemos dejar que Dios sea Dios. Debemos llegar a conocerlo lo suficiente para poder confiar en su decisión final.

• ¿Has estado orando por algo que aun no ha sucedido?

• ¿Te sientes defraudado por Dios?

• ¿Estás dispuesto a dejar tus planes y permitir que Dios conteste tus peticiones a Su modo y conforme a Su tiempo?

¡No tienes suficiente fe!

Tal vez eres cristiano y te han dicho: "No tienes suficiente fe y por eso no te ha contestado tus oraciones". ¡Esto no es bíblico! Hay muchas razones por las cuales nuestras oraciones no son contestadas en la forma en que queremos. Nuestra fe origina de Dios, por eso todos tenemos fe en abundancia (Lucas 17:5-6), aunque la fe de algunos es más débil que la de otros.

Otra razón por la cual nuestras peticiones no se dan es porque pedimos cosas que no nos convienen (Santiago 4:1-3). O puede ser que tengamos pecados ocultos en nuestras vidas que debemos confesar y tenemos que arrepentirnos de ellos para que nuestras oraciones se escuchen (Santiago 5:16-17).

Debemos tener una relación íntima con el Señor si hemos de tener Su corazón y Su mente. Conforme nos asemejamos más a Él por medio de esta unión, nuestras oraciones empezarán a cambiar y se alinearán más con Su voluntad. Entonces Él podrá contestar nuestras peticiones (Salmos 37:4). Cuando los deseos del corazón cambian, ya no nos interesan los carros lujosos, casas grandes y cantidades de dinero. Nuestro nuevo enfoque estará en otras personas – aquellas que son menos afortunadas que nosotros. Empezaremos a pedir fuerzas para ayudar a los necesitados. Y ENTONCES Dios podrá bendecir nuestras peticiones abundantemente ¡porque estaremos orando conforme a SU voluntad!

Santificación y justificación

Ahora que entendemos porqué nuestra fe es tan importante, miremos qué es lo que pasa en nuestras vidas cuando ponemos nuestra fe en Cristo. La Biblia dice que somos "apartados" del mundo por nuestra fe (Hechos 26:18). La palabra bíblica de este concepto de 'ser apartado' se llama *santificación.* Esto significa literalmente, "ser lavado y apartado para un propósito distinto". La santificación tiene dos partes. Si le pedimos sinceramente a Jesús que sea el Señor de nuestras vidas, entonces nuestros espíritus son santificados al momento de nuestra salvación (Romanos 5:16). Esto significa que si morimos hoy, estaremos con Jesús en el cielo.

El otro aspecto de la santificación es un proceso continuo. Esto incluye disciplinar nuestra voluntad, pensamientos, actitudes, emociones y acciones para que estén continuamente bajo el poder del Espíritu Santo en nuestro caminar cristiano. Esto es lo que significa la frase, 'hacer morir las acciones de la naturaleza pecaminosa' (Romanos 8:1-14).

Podemos 'ver' la obra de santificación en la vida de una persona por el fruto que producen (Juan 15:1-8). Como cristianos, que hemos vuelto a nacer, *debemos* ser diferentes al resto del mundo. Nos empezamos a ver distintos conforme Dios nos va moldeando de acuerdo a Sus propósitos. Ya no somos dueños de nuestras vidas porque ¡Él pagó el precio por nosotros! (1Corintios 7:23).

Otro asombroso evento espiritual que ocurre cuando aceptamos a Jesús y declaramos nuestra fe en Él es que somos *justificados.* Esto significa que somos reconciliados con Dios y nos presentamos ante Él perfectos cuando aceptamos la muerte sustitutoria de Cristo. Jesús sufrió y murió para que nosotros no tuviéramos hacerlo. Esta es la mejor noticia para el creyente porque nos quita la responsabilidad y la carga pesada de ser perfectos para agradar a Dios y así poder entrar al cielo. Esto nos lleva a la siguiente lección...

<u>Ningún hombre es una isla</u>

Parte de nuestra relación con el Señor es el convivir con otros que han puesto su fe en Jesús. La verdad es que no fuimos creados para ser cristianos a solas (Hebreos 10:25). Dios sabía que necesitaríamos Su cuerpo – la iglesia – para recibir instrucción y oración. Y si intentamos ser personas 'buenas y espirituales' sin leer y obedecer la Biblia, podemos descarrilarnos de nuestras creencias. Hasta Jesús mismo les explicó las Escrituras a sus oyentes, predicando e instruyendo a la comunidad de creyentes. El formar parte del cuerpo de Cristo no tiene nada que ver con estar en un grupo selecto, el mejor club o cualquier otra institución humana. Tiene que ver con lo que Dios nos ha dirigido a hacer con respecto a nuestra vida terrenal y eterna.

Otra excusa común que oigo de las personas que no van a la iglesia es "Yo no practico la religión estructurada", o "Las personas religiosas me han hecho mucho daño y no pondré pie en otra iglesia." La verdad es que la vida siempre estará llena de personas que nos fallan y nos causan dolor. Eso no quiere decir que cortemos todas las relaciones para evitar ser lastimados.

La iglesia está compuesta de todo tipo de personas imperfectas. Sí, en efecto, ¡hay algunos que son hipócritas! Pero no olvides que tú probablemente también has causado dolor y has sido hipócrita con alguien en tu *propia* vida. Tenemos que dejar de juzgar a los demás –eso le toca a Dios (Santiago 4:11-12). Nuestro deber es mantener nuestra mirada fija en Jesús, el Único Perfecto. Él nunca nos miente, nunca nos engaña, ni habla mal de nosotros. Es el único en quien podemos confiar. Si todos nos amáramos y nos respetáramos como Jesús nos ordenó, en lugar de criticarnos los unos a los otros, viviríamos en la armonía que todos deseamos.

La verdad es que Dios es la Autoridad Final. Y como Él nos formó con Sus propias manos (Salmos 139:13-16), solamente Él puede dirigir nuestros pasos mucho mejor que cualquier sabiduría humana que estemos siguiendo. Él pagó nuestra deuda y busca tener una relación eterna con nosotros. Jesús mismo dice, "Yo soy el camino, la verdad y la vida. Nadie puede ir al Padre si no es *por medio de mí*" (Juan 14:6). Corremos peligro si nuestro caminar espiritual no está alineado con la vida que Dios tiene planeada para nosotros según Sus santas Escrituras.

Considera las siguientes escrituras:

• Podemos hacer nuestros propios planes, pero la respuesta correcta viene del Señor. (Proverbios 16:1)

• El Señor ha hecho *todo* para Sus propios propósitos. (Proverbios 16:4a)

• Podemos hacer nuestros planes, pero el Señor determina nuestros pasos (Proverbios 16:9).

• Él sembró la eternidad en el corazón humano (Eclesiastés 3:11).

Nuestras vidas están llenas de propósito cuando nos relacionamos con Dios como Él lo ha *ordenado* y no como nosotros lo hemos decidido. De hecho, nos damos cuenta de que todos los caminos **no nos** llevan al Señor.

<u>¡A trabajar!</u>

La mayoría de las religiones en el mundo les piden a sus miembros que se esmeren por complacer a sus dioses. Estos 'esfuerzos' a menudo incluyen cantos, sacrificios humanos, ritos raros—y a veces crueles—o privaciones rigurosas. Estas personas

llamadas 'religiosas' participan en 'guerras santas' (qué contradicción, ¿no te parece?) y tratan de 'ganar' suficientes puntos para estar en una buena posición con sus dioses. Hacen todo lo posible por no ofenderlos y viven en constante temor del humor de sus dioses porque creen que sus dioses vacilan entre el enojo y la aprobación. Hasta llegan al extremo de matar a aquellos que no creen en su dios y ¡todo en el nombre de Dios! La única forma que tienen para determinar si su dios está contento con ellos es por los resultados de la naturaleza - buenas cosechas, hijos saludables, la lluvia y el sol, etc. Estas prácticas han sido modificadas a través de los siglos, pero la raíz de estas creencias se ha ido pasando de generación en generación.

Aun en Los Estados Unidos, hay muchas religiones donde las personas tienen que hacer diferentes tipos de ritos o servicios para complacer a Dios. A veces tienen que tener varios hijos para que sean 'representados' en el cielo. O, se requiere que vayan a tocar una cantidad de puertas. Tienen que convertir a muchos a su fe para complacer a Dios y ganarse un lugar en el cielo. Es doloroso ver a las personas que no están seguras si han hecho lo *suficiente* para complacer a Dios y viven en temor de su salvación todos los días.

Sin embargo, el Dios de la Biblia e Israel se deleita completamente en aquellos que confían por fe que *Jesús ya pagó nuestra deuda por el pecado.* ¡Nuestra cuenta está cancelada! Él sabía que nunca podríamos pagar lo suficiente por nuestros pecados con nuestros propios esfuerzos, por eso, Él, amorosamente pagó el precio por nosotros. De hecho, la Biblia dice que somos declarados **justos** por nuestra *fe,* ¡no por nuestras obras! (Romanos 4:5). Las buenas obras son el *resultado* de nuestra relación con Jesús; estas nacen de nuestro <u>amor</u> por Él y no por temor de que no estamos haciendo lo suficiente para ganar nuestra salvación.

Es muy importante *creer* lo que la Biblia dice acerca de nuestra salvación, en lugar de confiar en nuestros *sentimientos.* Algunos días puede que no nos 'sintamos' tan salvos porque batallamos con el pecado. O tal vez estamos pasando por una temporada oscura y 'sentimos' que Dios no se encuentra por ninguna parte. Pero como creyentes genuinos, podemos estar seguros en nuestra relación con Dios *por nuestra confianza* en Jesús (Habacuc 2:4; Romanos 1:17; Efesios 2:8-9; Gálatas 3:11-12; y Hebreos 10:38). Porque Dios siempre es verdadero y no cambia con las circunstancias (Hebreos 6:18) podemos confiar en que Sus promesas serán verdaderas por siempre. Y nuestra salvación permanece segura mientras seguimos viviendo bajo Su autoridad divina.

• ¿Sientes a menudo que no satisfaces los requisitos de Dios?

<u>La fe y las obras</u>

Las personas podrán ver la obra sobrenatural de Dios en nuestras vidas solamente si nos dejamos gobernar por el Espíritu. Cuando demostramos amor, gozo, paz, paciencia, amabilidad, bondad, fidelidad, mansedumbre y autocontrol, nuestro comportamiento refleja a Dios Todopoderoso. Cuando nos negamos a chismorrear, a calumniar o a hacerles daño a los demás con nuestras palabras y actitudes, entonces vivimos de una manera justa. Y ultimadamente, cuando nos esmeramos en ayudar a los pobres y a los oprimidos y usamos nuestro tiempo, dinero y talento para la gloria y el reino de Dios, entonces estamos agradando al Señor.

No creas que la gente no se fija en nosotros – el mundo ve el comportamiento de un cristiano genuino como algo 'diferente'. Las personas saben instintivamente que ¡no es natural que el ser humano se comporte de esta manera! Si constantemente somos buenos, generosos, serviciales y contentos, entonces nos ganaremos el privilegio de compartir con los que nos rodean el poder de Dios en nuestras vidas, el cual nos transforma y nos motiva.

Y el fruto

Hemos aprendido que la fe genuina es la *fe que produce fruto*. Este fruto incluye compartir el evangelio con los demás, según nos dirige el Espíritu Santo. Esto incluye brindarle gloria al Señor todos los días y en todo lo que hagas. También incluye ministrar al cuerpo de Cristo. Y este fruto es *eterno* – dura por siempre. Aquellos que permanecen en la vid (que es JESÚS) producen mucho fruto, lo cual rinde gloria al Padre.

Jesús dice que todo árbol que no produzca buenos frutos será cortado y arrojado al fuego (Mateo 3:10). Si eres necio y edificas tu vida en los cimientos de tus deseos egoístas, serás destruido en el día del juicio (Mateo 7:21-27). La verdad es que, o te sirves a ti mismo o le sirves al Maestro Jesús (Mateo 6:19-24). Dios quiere que produzcamos frutos en nuestras vidas para Su gloria y para hacer que los perdidos lleguen a tener una relación con Él. Dios se interesa principalmente por la gente y usa a aquellos que aman a Su Hijo para que, en Su nombre, alcancen a los perdidos de este mundo.

Nuestra fe es la que nos aparta del mundo. Los cristianos somos los únicos que tenemos un Dios que siempre está disponible, es todopoderoso y eterno. Él es el único que nos ama tan intensamente que se sacrificó para que pudiéramos tener una relación con Él. Nuestro Dios es el único que se convirtió en **siervo** para que nos convirtiéramos en herederos junto con el Rey por toda la eternidad (Romanos 8:17; Gálatas 3:29 y Gálatas 4:6-7). Y Él es el único Dios que nunca cambia, nunca miente, nunca se rinde, nunca falla y nunca muere.

Por supuesto que tenemos la libertad de tomar nuestras propias decisiones acerca de nuestra fe o la falta de ella. Pero la Biblia claramente dice que si no vivimos nuestra fe de acuerdo a la Palabra de Dios, podemos llegar a creer que todo se trata de nosotros, nuestros planes, y nuestra 'religión' (2Timoteo 3:16-17). Si rechazamos a Jesucristo, perderemos toda verdad espiritual que 'creemos' tener (1Corintios 4:4-5). Nuestras mentes se seguirán oscureciendo y seremos incapaces de ver Su Verdad en absoluto (Efesios 4:18-19). Y al final, solo hay dos lugares donde podemos ir: al cielo o al infierno (2 Tesalonicenses 1:9-12).

Aunque Dios nos permite que rechacemos Sus caminos, Él mismo escribió el manual de nuestras vidas. No te engañes: No llegaremos al cielo con solo tener la 'esperanza' de llegar. La fe en Jesús es la <u>única</u> manera.

Tal vez nunca has puesto tu fe en Jesús. Tal vez eres cristiano, pero no has producido fruto en tu caminar. Posiblemente tengas que entregarle de nuevo tu corazón y tu vida a Cristo para que tengas una relación más íntima con Él. Como sea el caso, escoge servirle con más esmero a Jesús hoy mismo. Nunca te defraudará.

Lo que hacemos para el Señor es lo único que durará por siempre.

REFLEXIÓN

1. ¿De qué manera manifiestas tu fe al mundo?

2. ¿Qué puedes hacer para mejorar tus acciones de modo que tu fe sea más evidente?

3. ¿En qué áreas de tu vida careces de fe (esperanza y confianza)?

¿Dinero?

¿Tus hijos?

¿Tus relaciones?

¿Tu habilidad de cambiar?

¿Tu futuro?

¿Tu habilidad de vivir una vida piadosa?

¿Tu habilidad de compartir a Jesús con los demás?

4. ¿Cómo sabes que tienes fe?

5. ¿Es posible que alguien *actúe* como si tuviera fe sin realmente tenerla? ¿Cómo lo podemos detectar?

95

NOTAS

CAPÍTULO 7

EL PERDÓN

Jesús dijo:

"Si perdonas a los que pecan contra ti, tu Padre celestial te perdonará a ti; pero si te niegas a perdonar a los demás, tu Padre no perdonará tus pecados" Mateo 6:14-15.

¿¿Qué?? ¿Cómo se supone que debo perdonar a la persona malvada que me causó tanto daño? ¡Seguramente que Dios no espera que yo los perdone a *ellos*!

¡Se lo merecen!

El 'perdón' es un concepto anticuado hoy en día. Cuando otros nos ofenden, es más común oír, "me voy a vengar por lo que me hicieron", o "Yo soy el ofendido—me tienen que pedir perdón antes que yo considere perdonarlos", o "*Nunca* los perdonaré". Pero, ¿qué dice DIOS del perdón?

La escritura del libro de Mateo suena difícil, y en realidad, imposible hasta que llegamos a comprender realmente el enorme precio que pagó Jesús para que *nuestros* pecados fueran perdonados. La verdad es que no tenemos ninguna excusa por nuestros pecados – NO HAY ninguna excusa por la forma en que nos comportamos cuando no tenemos una relación con Dios.

Debemos recordar que Jesús murió por nosotros cuando todavía éramos pecadores (Romanos 5:8). En esencia, estuvimos allí cuando lo golpearon y le escupieron. Jesús pudo haber llamado a sus ángeles para destruir a la humanidad en ese momento. Pero en lugar de eso, se sometió al sacrificio para salvarnos del castigo y darnos vida eterna. No solo eso, sino que dijo en la cruz: "Padre, perdónalos, porque no saben lo que hacen" (Lucas 23:34).

Es improbable que lleguemos a experimentar el gran sufrimiento que Jesús soportó por nosotros.

Seguro que no merecemos Su devoción ni el sacrificio de Su vida. Y solamente recibimos el favor, gracia y salvación de Dios por Su perdón. La verdad es que no podemos decir que tenemos una relación íntima con el Señor si nos negamos continuamente a perdonar a los demás, porque cada vez que les negamos misericordia, nuestros corazones se endurecen. No solo cerramos la puerta de nuestro corazón a las personas que no perdonamos, sino a Dios también.

No llegamos a entender el tipo de amor que Jesús nos ofreció por medio de Su sufrimiento, pero usaremos un ejemplo aquí. Imagínate que estás en un tribunal de justicia por el peor de los crímenes. Satanás es el fiscal y te acusa de cosas muy feas (Apocalipsis 12:10). Del otro lado, Jesús es tu Defensor (Hebreos 7:24-25) y Dios es el Juez. Después que Jesús defiende tu caso (Romanos 8:34), Dios te mira desde Su estrado con ojos llenos de amor, compasión, perdón y te dice, "Has sido liberado. Lo que has hecho no se usará en tu contra".

Pero eso no termina ahí. Él dice, *"Haré que tu Defensor tome el castigo que tanto mereces. Él sufrirá tus consecuencias, soportará el dolor, la agonía, la soledad y la vergüenza para que tú no tengas que sufrir. Solo quiero una cosa a cambio – tu devoción de por vida".* Cuando nos damos cuenta de que esto es precisamente lo que hizo Jesús, podemos entender porqué nos pide que perdonemos las ofensas de los demás.

Cómo entender la naturaleza del perdón

imero, tenemos que entender que **no podemos perdonar por nuestro propio esfuerzo.** El perdón es posible solamente por fuerza sobrenatural. Muchos tratamos de vivir de acuerdo a la Biblia por nuestros propios esfuerzos, y fallamos—una y otra vez porque el propósito de Dios es que no estemos solos en nuestro andar cristiano. Muchos se han alejado de la fe por esta razón. Se frustran y se cansan de actuar 'correctamente' porque ¡no usan el poder de Dios para cumplir con Su voluntad! El Señor nos mandó Su Espíritu Santo para que nos ayude a vivir según las Escrituras. *El poder de perdonar es tan fuerte como la relación que tenemos con el Señor.*

Cuando estamos en comunión con Jesús, Él nos da el poder y el deseo de amar a otros y de hacer Su voluntad (Filipenses 2:13). Si somos controlados por el Espíritu Santo, Él nos habilita para *poder* pensar y actuar de la manera que le agrada a Él. Cuando ponemos nuestra confianza en Cristo, tendremos Su mente y sabiduría

(1Corintios 2:16). Solamente entonces podremos entender porque nos pide que hagamos cosas que son imposibles para los seres humanos – como el perdonar. Pero si le obedecemos, nos recompensará con una vida llena de paz (Romanos 8:5-6 y Filipenses 4:6-7).

Otra cosa importante que debemos entender es que el perdón no siempre es recíproco. La persona por lo regular seguirá siendo exactamente igual que como era antes que la perdonaras. Muchos se niegan a perdonar porque piensan que si perdonan, la persona que los ofendió no será castigada. Piensan que si perdonan, están aprobando lo que les hizo esta persona. Pero debemos recordar que Dios nos promete reposo para NUESTRA alma si le obedecemos en esto. Vivir en Cristo Jesús significa que determinadamente *escogemos* hacer lo que Él nos ha pedido. Y aunque no nos parezca, nosotros, como cristianos, somos responsables de tomar el primer paso hacia el perdón.

Finalmente, nos ayuda recordar que el perdón es un proceso. No es solo decir, "Yo perdono a esa persona" e inmediatamente la amamos. Primero debemos pedirle a Dios que nos de el DESEO de perdonar. Y tal vez tengamos que repetir este proceso cientos de veces. Pero cada vez que inclinamos nuestra voluntad, Él nos da sanación y fortaleza. El perdón no es algo natural para el ser humano ¡cuando se le ha tratado injustamente! Toma tiempo para sanar nuestras heridas. Sin embargo, cuando perdonamos según Su voluntad, nos daremos cuenta un día que ya no le guardamos rencor a esa persona, y seremos libres de la amargura que nos consume.

• ¿Estás dispuesto a orar por el *deseo* de perdonar a aquellos que te han hecho mal?

Tenemos acceso a su Trono

Por el sacrificio y la sangre de Jesús, la Biblia dice que podemos entrar directamente en la presencia del Señor (Efesios 3:12 y Hebreos 10: 19-22). Una manera de entender la importancia de esto es de pensar en los reyes y presidentes aquí en la tierra. ¿Crees tú que le puedes escribir al rey de España y pedirle que te permita pasar una semana en su palacio? O ¿puedes llamar al primer ministro de Australia y hablar con él un par de horas? ¡Claro que no!

Pero lo que realmente es maravilloso es que **sí** puedes hablar con el Creador del universo (el que HIZO al rey de España y al primer ministro de Australia☺) cuando quieras. Esto es posible porque Jesucristo pagó el precio por nuestros pecados para que tuviéramos una relación con Dios. Por esta deuda que pagó, somos considerados lo suficientemente santos para poder entrar en la presencia de Dios (Romanos 5:9-11).

También es importante entender que por medio de nuestra relación con Jesús, **Dios** es el que nos perdona – nuestros pecados no pueden ser absueltos por ningún otro ser humano. Y aunque otras personas nos perdonen nuestras ofensas, solo el Señor puede perdonar nuestra *condición* pecaminosa. Nos consuela saber que cuando nos postramos ante Dios con el corazón suave y arrepentido, nuestra confesión nos trae Su perdón (1Juan 1:9). Aunque confesar nuestros pecados a otras personas nos ayuda a sanar y nos hace responsables (Santiago 5:16), es nuestro contacto directo con Dios Padre que nos da la verdadera restauración y redención.

Nos damos cuenta de que contrario a lo que muchas religiones practican, la Biblia nos indica claramente que para confesarle nuestros pecados a Dios no es necesario ir con una persona religiosa (Hebreos 4:14-16). Tenemos un beneficio único con nuestro Dios que no se encuentra en ninguna otra fe – porque tenemos a Jesús como mediador (Hebreos 8:6). Esto significa que Él intercede por nosotros y le pide al Padre por nosotros. Por eso es que decimos 'en el nombre de Jesús' cuando oramos. Con solo saber que ellos hablan de mí, ¡me da gran gozo!

Cuando comenzamos a entender lo que ocurrió en la crucifixión nos damos cuenta de lo importante que es permitir que el Espíritu Santo nos guíe en esta área del perdón. Si somos realistas, veremos que no tenemos derecho a guardar rencores cuando nuestro Padre misericordioso ha eliminado *nuestra* pena. Por eso nos dice Jesús que perdonemos como Dios nos perdona. Él quiere que seamos bondadosos así como Él es con nosotros.

• ¿Crees tú que Dios verdaderamente te ha perdonado por tus pecados?

Nuestras murallas fortificadas

Es natural querer defendernos del dolor y de algún ataque. Pero si seguimos construyendo muros alrededor de nuestro corazón para evitar que nos vuelvan a lastimar, nos hacemos más daño porque nos convertimos en personas muy frágiles e inestables. El dolor que seguimos recordando amenaza con consumirnos. Y podemos temer tanto a las emociones y los sentimientos que no logramos tener relaciones estrechas con los demás. Recuerda que las murallas le impiden la entrada a otros, pero también te mantienen prisionero. Nuestro instinto defensivo nos puede robar la habilidad de sentir *alguna* emoción.

Nuestra situación empeora cuando nos damos cuenta de que la eficacia de las murallas que hemos formado disminuye conforme avanzamos en edad. Tal vez guardamos un gran resentimiento del pasado, pero en lugar de lidiar con eso, nos ponemos una máscara de 'Estoy bien', o 'No me molesta', o 'Saldré bien de esto'.

El problema es que si nos ponemos esta máscara muy seguido, vamos perdiendo la habilidad de ser sinceros con la gente, porque vivimos muy ocupados engañándonos a nosotros mismos tratando de ocultar el gran dolor o enojo que sentimos. También podemos perder nuestra sensibilidad porque nos distanciamos de nuestros sentimientos para dar la apariencia de que tenemos nuestra vida bajo control. Pero nuestra angustia se debe desatar y posiblemente sintamos un tremendo dolor y enojo en situaciones que en realidad no son tan drásticas.

Recuerda que Dios te quiere sanar más de lo que tú deseas ser sanado. Y Él promete ayudarnos y fortalecernos hasta la muerte, si escogemos mantener una comunión estrecha con Él (1Corintios 1:8-9).

• ¿Te identificas tú con algunos de estos malos ejemplos que hemos explicado?

• ¿Qué máscaras usas para dar la impresión de que tienes todo bajo control?

El no perdonar me hace daño

Los seres humanos naturalmente edificamos murallas para evitar que nos hagan daño. Esto es normal y puede ser una defensa sana por un corto tiempo. Sin embargo, si hemos tenido experiencias en la vida donde constantemente hemos tenido que defendernos emocional, mental o físicamente, entonces lo más probable es que tengamos que recordar esas memorias dolorosas para poder recibir sanación.

Es común reaccionar en forma incorrecta cuando nos han hecho daño. Las personas que han sido humilladas, ignoradas o maltratadas pueden demostrar técnicas de afrontamiento que son destructivas. Por una parte, se pueden convertir en personas censuristas y altaneras. Estas personas piensan que siempre están en lo correcto y no tienen relaciones estrechas. Pocas veces encuentran gozo. Tienen una gran necesidad de ser muy organizadas para poder sentir que tienen control de sus vidas porque por dentro, sus sentimientos están fuera de control.

Al otro extremo están aquellas que son completamente pasivas; suelen dejarse pisotear por los demás. Tienen poco autocontrol y autoestima y hablan con todos del dolor que han sufrido en el pasado. Estas atraen a personas que se aprovechan y abusan de ellas. Estas personas se sienten culpables por casi todo lo que les pasa en la vida.

Estos son ejemplos extremos, pero dentro de ellos nos podemos encontrar nosotros mismos. El punto es que vivir con resentimiento, en sentido literal, nos arruina la vida. Si seguimos reviviendo el dolor una y otra vez, esto llegará a destruirnos. No nos damos cuenta de que a menudo la falta de perdón nos impulsa a los deseos, sentimientos y acciones malsanas. El resentimiento hacía los demás puede ser lo que nos separa de las relaciones saludables y la vida cristiana victoriosa. Si no eres capaz de perdonar a los demás, entonces eres esclavo de tu pasado porque sigues atado a tus memorias dolorosas. Pero la verdad es que es nuestra decisión si vamos a permitir que Dios transforme nuestra mente y corazón (Romanos 12:2).

La única forma de experimentar la libertad es cuando perdonamos. El dejar el pasado atrás le da más lugar al Espíritu Santo para morar y obrar en nuestro interior. El permitirle a Dios que descubra nuestro dolor para sanarnos puede ser un proceso aterrador, y *causará* cierto nivel de sufrimiento. Pero podemos empezar por pedirle a Dios que nos ayude con esto. Puede ser que necesitemos asesoramiento cristiano para brindar apoyo y dirección. Dios promete que nuestras vidas se *pueden* restaurar (Joel 2:25), **pero la decisión es nuestra.** Yo he recibido esa sanación sobrenatural en mi vida y he presenciado la enorme sanación de otras personas que han pasado por traumas terribles en sus vidas.

• ¿Crees tú que la falta del perdón podría ser una de las razones por la cual no tienes gozo y paz?

<u>¿Le estoy rindiendo honor a Dios?</u>

Una queja con merito comienza con el arrepentimiento por nuestra actitud. No podemos negar que alguien nos ha hecho mal. Sin embargo, Dios requiere que superemos esos malos sentimientos. No importa lo que se nos haya hecho, si decimos ser seguidores de Cristo, entonces nuestra responsabilidad es actuar y reaccionar de una manera que lo glorifique. Esto no significa que la persona que te ofendió queda libre de responsabilidad – esta le rendirá cuentas a Dios por sus acciones. Pero si somos sinceros, nos damos cuenta de que el guardar rencor y buscar la venganza tampoco es conducta piadosa.

Por eso nos dice Dios, "Yo tomaré venganza" (Hebreos 10:30). Él es el único que tiene el derecho de confrontar y castigar a los que nos han lastimado. Nuestro trabajo es *obedecer* Sus mandamientos y no juzgar a los demás por sus pecados (Lucas 6:37; Romanos 2:1-4, 16; y Santiago 4:11-12).

Además, cuando decidimos guardar rencores, esto entristece al Espíritu Santo porque no puede obrar en nuestras vidas por la dureza de nuestro corazón (Efesios 4:30). Debemos perdonar y orar por los que nos han ofendido o nos han hecho daño. El proceso de perdonar a los demás no significa que tienes que tratar de recordar toda ofensa, pero si tienes alguna persona en mente que todavía te causa enojo, dolor o sentimientos negativos, necesitas la liberación del perdón.

Él sabe que la única manera de ser libres espiritual, mental y emocionalmente es si lidias con el dolor y el enojo. Cuando le damos el control de la situación a Dios y le permitimos que haga Su obra experimentamos una paz increíble. Además, ¡Él sabe resolver todo mucho mejor que nosotros!

• Haz una lista de las personas que aún te causan reacciones negativas cuando piensas en ellas.

• Comprométete a orar por una persona de tu lista cada día por una semana. La segunda semana sigue orando por ella y agrega a otra persona de tu lista. Aunque no quieras perdonar, puedes pedirle a Dios que ablande tu corazón para que sí *puedas* orar por ellas.

Esto no es divertido

Perdonar a los que nos han herido o nos han ofendido grandemente probablemente será un proceso doloroso. Siempre que afligimos nuestra carne, nos causa dolor. Sin embargo, hay dos tipos de dolor – el 'bueno' y el 'malo'. El 'malo' te lleva a la autocompasión, al odio a sí mismo. Cuando decidimos vivir como victimas de nuestras circunstancias, sabemos en lo profundo del corazón que nada bueno puede resultar de este tipo de dolor. Muchos que permiten que 'el destino decida' no se respetan a sí mismos porque saben que no están haciendo nada por mejorar sus vidas. Dios desea que nos sobrepongamos a las dificultades porque ¡quiere que aprendamos a ser guerreros para Su reino!

El dolor 'bueno' es el que sentimos cuando estamos madurando o sanando. Aunque sintamos dolor mientras nos asemejamos a Dios, es muy probable que nos sintamos optimistas porque sabemos que el resultado final de nuestra prueba nos traerá la victoria. Y cuando nos sobreponemos a los viejos sentimientos de amargura, veremos la restauración que Dios hace en nuestras vidas. La falta de perdón no nos permite disfrutar la vida abundante que Jesús menciona en Juan 10:10.

Finalmente, necesitamos estar conscientes de que al pasar por esta etapa de sanación, crecimiento y auto examinación, nuestra tendencia humana es de 'hacer' algo para evitar lo más profundo de nuestro ser. Tal vez durmamos más de la cuenta o nos comprometamos a muchas actividades para evitar estar a solas. Esto es *negarse a aceptar*. El problema es que si seguimos resistiendo el mandamiento de Dios de perdonar, nuestras actitudes negativas se manifestarán en otras formas. Podemos llegar a ser muy delicados, irritables, intolerantes, mentirosos, indiferentes, aislados o deprimidos.

¿Tengo que perdonar en persona?

Tal vez la persona que necesitas perdonar ya falleció, o no sabes donde vive. O podría ser peligroso o perjudicial ofrecer el perdón cara a cara. Aunque el resultado ideal del perdón es restaurar la relación, la verdad es que en algunos casos esto no es posible. Además si la persona no vive para el Señor probablemente no tendrá la capacidad de perdonarte y serás solo tú el que perdonas. Una manera de superar esta dificultad es contarle a un amigo cristiano confiable que estás en el proceso de perdonar a alguien de tu pasado. Pídele que ore por ti y que se mantenga al tanto de tu progreso. En este caso, el perdón ocurre cuando estás en oración con el Señor.

No te olvides que tú también has herido a otros en *tu* vida, y probablemente quieres ser perdonado. Fuimos creados para desear amor, perdón y restauración. El resultado de hacer las cosas conforme la voluntad de Dios, aunque nos duela, es que nos parecemos más y más a Cristo. La verdad es que nunca seremos vencedores si nos negamos a perdonar – esto envenena nuestras relaciones y *seguiremos batallando en nuestro caminar cristiano hasta que entreguemos el 'derecho' a nuestro dolor.* Considéralo de esta manera – vamos a sufrir dolor en esta vida, no hay para donde – pero ¿quieres seguir en la miseria y el dolor o quieres recibir una gran recompensa?☺

•Detente acá y pídele al Señor que te revele los obstáculos que te impiden ser sincero contigo mismo. Comienza a orar por estas cosas para que Él te libere.

¿Qué si me niego a perdonar?

Hemos aprendido que a Dios le molesta cuando nos negamos a perdonar. Aunque Jesús ya pagó con su muerte en la cruz por nuestros pecados, nuestra relación con el Señor no es como debe ser cuando guardamos resentimientos (Marcos 11:24-25). No importa lo grande o pequeña que sea la ofensa, el resentimiento o la amargura resulta en lo mismo – una mala cosecha en nuestra vida. El negarse a perdonar es una de las razones más comunes por la cual no alcanzamos la victoria cristiana.

Puede que pienses, "Yo he perdonado a todos los que me han herido", o "Esas cosas están en al pasado – ya me olvide". Sin embargo, a menos que hayas tomado un tiempo para reflexionar y examinar este tema, es probable que tus sentimientos viejos aun formen parte de tu vida. Si tienes problemas con tus relaciones más cercanas o careces de una autoestima sana, es probable que el problema sea la amargura.

Tal vez se te hace difícil comprometerte con personas o circunstancias. También para aquellos que tuvieron una niñez 'sana', a veces hay personas que les causaron daño, y es posible que todavía guarden resentimiento, aun sin darse cuenta. No todos tenemos ese 'fantasma de la falta del perdón' escondido en nuestro armario, pero definitivamente vale la pena examinar nuestros sentimientos.

• ¿Hay alguien en tu vida que te has negado a perdonar?

Cómo perdonar a Dios y a mí mismo

Cuando hablamos de perdonar, muchas veces no pensamos en *nosotros mismos.* Cargamos con tremenda culpa porque a veces somos nosotros los que hemos herido a alguien en el pasado. Saber cómo perdonarnos a nosotros mismos es un gran paso hacia la libertad. La verdad es que Jesús murió por nuestros pecados y sería muy arrogante de nuestra parte no perdonarnos a nosotros mismos ya que Él nos perdonó al momento que nos arrepentimos con sinceridad.

Una de las historias más comunes que oigo es la de los padres de familia que no se han perdonado el no haber participado en la crianza de sus hijos. Muchas personas permiten que esta carga de culpa les arruine sus vidas. Necesitamos reconocer que si ya le pedimos perdón a Dios, tenemos que *dejar* el pasado y *permitirle* que sane nuestro corazón. Recuerda que no podemos cambiar el pasado, solo el presente y el futuro. La verdad es que las personas que hemos herido, ya sea nos aceptarán de nuevo en sus vidas o nos rechazarán. Pero el preocuparnos por eso por años y años, no cambiará nada. Pero si nos perdonamos a nosotros mismos, *encontraremos* esa paz que buscamos.

La otra persona a la que tal vez no has pensado en perdonar es al Señor. Es posible que estés guardando resentimiento hacia Dios porque crees que no te ayudó cuando estabas pasando por esa miseria y abuso. Muchos se preguntan: "Si Dios me ama y controla todo, ¿por qué permitió que sufriera tanto dolor?" La verdad es que Dios nos da libre albedrío. Su *intención* no es que suframos, pero fue la humanidad que le dio lugar al pecado por su propia rebelión. Y por esto los seres humanos sufrimos dolor y decepción.

Pero en lo personal, yo no cambiaría el dolor y sufrimiento que he soportado porque eso me ha hecho sensible a los demás que están pasando por dificultades terribles. Lo más hermoso es que al final de todo, Dios *promete* que algo bueno resultará del mal destinado a nosotros, *si* le permitimos entrar a nuestras vidas (Génesis 50:20).

• ¿Existe la posibilidad de que no te hayas perdonado? ¿Has perdonado a Dios?

<u>¡El perdón da grandes resultados!</u>

Cuando decidimos perdonar, estamos más dispuestos a oír la voz de Dios. Podremos escuchar cuando Él nos revela lo que quiere hacer en nuestras vidas. Cuando aprendemos a escuchar la voz de Su Espíritu, Él promete dirigir nuestros pasos, tomar nuestras cargas y enseñarnos cómo debemos madurar; todo mientras nos

fortalece para poder lograr la meta (Proverbios 3:5-6; Mateo 11:28-30 y Efesios 3:14-21). Una relación íntima y amorosa con Dios hace desaparecer ese vacío en nuestra vida y le da propósito y satisfacción – física, mental, emocional y espiritual. Solo *Él* nos puede ofrecer los dones de gozo y paz en abundancia

Otra recompensa que recibimos cuando perdonamos es la liberación de esos pensamientos negativos que nos corren por la mente. El perdón le quita el poder a ese viejo dolor. El Señor dice que si nos deleitamos en Él, nos concederá los deseos del corazón (Salmo 37:3-5). La palabra 'deleitarse' en esta escritura significa pensar en Jesús tanto como pensamos en un enamorado. Esto incluye hablar con Él regularmente, pedirle Su opinión, buscar Su dirección y Su ayuda en cada área de nuestras vidas, deseando alabarle todo el día. Este estilo de vida no es posible cuando vivimos con resentimiento y amargura.

Cuando vamos dejando el pasado, tenemos más tiempo y energía para invertir en nuestra relación con nuestro magnífico Dios. Nuestro corazón se suavizará y desearemos las cosas que Él desea para nosotros. Será más fácil hacer Su voluntad. Nos daremos cuenta de que al obedecerle y confiar en Él, nos sentiremos más seguros en la vida, sabiendo que vamos por el buen camino. *El camino que fue hecho para nosotros.* ¡Es un proceso hermoso!

Comprometernos a los caminos del Señor y a Su tiempo nos ayudará a preocuparnos menos por lo que nos espera en la vida. Cuando conocemos mejor al Salvador, no tememos al futuro porque sabemos que Él tiene el control *absoluto.* Cuando estamos convencidos de que Él lucha por nosotros, nos defiende, fortalece, ama y nos consuela, dejamos de enfocarnos en nosotros mismos y nos enfocamos en Dios y en los demás.

Dios nunca nos deja ni nos abandona

Él está con nosotros – aunque pase lo peor. Él es el único que tiene el <u>poder</u>, <u>la voluntad</u>, y **el deseo** de proveer para nosotros toda la vida. Él conoce nuestras necesidades antes que le pidamos. Aunque no lo creas, *Él diseñó el camino de nuestras vidas desde antes que formara el mundo* (Efesios 1:4). Y si permanecemos en una relación con Él hasta el final, ¡llegaremos al cielo!

Dios desea que sigamos Sus caminos, porque sabe que solo este camino nos dará gozo duradero y seguridad. Cuando llegamos a conocer Su voz y percibimos el palpitar de Su corazón, cuando hemos sido sanados y nuestras mayores necesidades han sido suplidas por el que nos hizo, podemos empezar a amarnos a nosotros mismos y a los demás de una manera más completa. Y finalmente, tendremos la

dirección que necesitamos en la vida; tendremos la confianza que no se puede obtener del mundo, de otras personas, ni por medio de nuestros propios esfuerzos.

EL PERDÓN

Es hora que le pidas a Dios que te dé el deseo de perdonar a las personas en tu pasado. Conforme Dios va cambiando tu corazón y tu habilidad de perdonar, deja esos sentimientos negativos. Recuerda, es esencial que ores por aquellos que te han ofendido—después de que hayas pasado algún tiempo lamentando lo que pasó con ellos. Ten paciencia—toma tiempo y esfuerzo para que nuestras mentes formen nuevos pensamientos. Sin embargo, la recompensa ¡es increíble! ¡Sí, puedes ser libre de las cadenas de la falta del perdón!

REFLEXIÓN

Es importante que no contestes estas preguntas apresuradamente. Muchas veces enterramos los sentimientos y los pensamientos de nuestro pasado para poder sobreponernos. Es posible que le tengas que permitir a Dios que revele esos sentimientos ocultos.

1. ¿Estás experimentando resultados negativos en tu vida por negarte a perdonar?

2. Antes de leer este estudio, ¿estabas consciente de que Dios requiere que perdones a los demás?

3. Escribe 3 temores que posiblemente te impidan perdonar a otros. Estos temores podrían ser:

"Ellos nunca me perdonarán a mí."

"Si los perdono, ellos seguirán hiriéndome"

"Si los perdono, es como decirles que lo que hicieron está bien".

4. ¿Cuáles son los obstáculos en tu propia vida que no te permiten perdonar? (algunos obstáculos pueden ser: el orgullo, la dureza de corazón, el temor, o simplemente el negar nuestro propio pecado).

5. ¿Tienes dificultad en perdonarte a ti mismo?

6. El pedirle a Dios que te revele tu actitud intolerante te ayudará a encontrar el camino a la libertad. Si hay alguien en tu vida que no has perdonado, pídele a Dios que llene tu corazón de Su gracia para que puedas dejar esos sentimientos y lo perdones.

7. Si sientes que es imposible para ti perdonar, pídele a Dios que te dé el deseo y la habilidad de hacerlo. Tu plan puede incluir pedirle a Dios todos los días de esta semana que suavice tu corazón. Luego, todos los días de la próxima semana, le puedes pedir que te revele las personas que debes perdonar. Y la siguiente semana puedes orar por esas personas. Anota tus experiencias para que te ayude a ver cómo vas madurando. Lo que parece ser imposible, se convertirá en realidad. ¡Compruébalo!

NOTAS

EL PERDÓN

CAPÍTULO 8

LA LIBERTAD

*¡ Jesucristo **ES** nuestra libertad!*

¿Qué es lo primero que te viene a la mente cuando oyes la palabra 'libre'? Tal vez no te confías de alguien que te diga que algo no va a costar dinero o es 'gratis'. La vida nos ha enseñado por experiencia que casi todo en este mundo tiene un precio. Y la verdad es que muchos tenemos costumbres o características que nos tienen esclavizados. Muchas veces nos preguntamos si existe la posibilidad de que podamos ser verdaderamente libres.

Jesús y nuestra libertad

¿Sabías tú que como seres humanos *nacemos* bajo el poder del pecado (Salmo 14:1-3 y Romanos 3:9-12)? Muchos piensan que 'básicamente somos personas buenas'. Pero la Biblia nos dice que el corazón humano es lo más engañoso que hay y extremadamente perverso (Jeremías 17:9-10). Somos esclavos de nuestra naturaleza pecaminosa (Romanos 7:14-25). No hay nada que podamos hacer para cambiar nuestra condición pecaminosa sin la intervención de Dios.

El significado griego de la palabra 'libre' es: 'liberar; dejar de ser esclavo; estar exento de responsabilidad'. Desde el punto de vista de Dios, definitivamente somos responsables por nuestros pecados. Pero Jesús vino con el propósito de librarnos de esta disposición innata (1Corintios 1:30; 1Juan 3:4-6; y Apocalipsis 1:5). Él sabía que nunca lograríamos vencer la naturaleza de nuestro pecado por nuestros propios esfuerzos, por más que lo intentemos.

¿Por qué tuvo que morir Jesús por mi pecado?

A Jesús se le llama nuestro Salvador, lo cual implica que necesitábamos ser salvados *de* algo. Él *decidió venir a nosotros* porque nos amó desde antes de la creación del mundo (1Juan 4:9-10). Él quería librarnos de nuestra naturaleza pecaminosa para reconciliarnos con Dios y así disfrutar de una relación íntima con Él (2Corintios 5:18-21). Él pagó el precio que Dios exige por nuestro pecado. No podemos pagar con nuestra propia vida porque no somos lo suficientemente santos; nuestra vida sería un sacrificio inmundo. Como Dios es perfecto y nosotros no, el sacrificio que Él requiere es un pago puro e intachable. Un pago SIN mancha del pecado (Éxodo 12:5 y 1Pedro 1:18-19).

Jesús, siendo plenamente humano y plenamente Dios es la única persona que nunca pecó (Hebreos 4:14-16 y 1Pedro 2:22-25). Por eso es el Único perfecto que podía lograr esta hazaña. *Alguien* tenía que pagar por nuestros pecados para que nosotros, los inmundos, nos pudiéramos acercar a Dios en Su santidad. El precio incluía la muerte – el derramamiento de sangre como paga por el pecado. La Palabra de Dios dice que solo la vida de una persona puede pagar por otra vida, entonces sin el derramamiento de sangre, no hay remisión (libertad, perdón o liberación) del pecado (Levítico 17:11 y Hebreos 9:22).

¡Soy libre!

¡Es fácil pecar! Siempre hemos sido 'libres' para desobedecer, pero la verdadera fuerza de carácter se comprueba con nuestra habilidad de resistir los deseos carnales. Sin Jesús, somos esclavos de nuestro pecado, completamente incapaces de escoger lo bueno y lo justo. Esto ocurre porque el Espíritu Santo no puede vivir en nuestra vieja carne pecaminosa. Pero cuando nos comprometemos a vivir para el Señor, el Espíritu obra en nuestras vidas para asemejarnos a Cristo (2Corintios 3:16-18). Entonces podremos tomar decisiones positivas, que honran a Dios porque *Él* nos dará poder sobrenatural para lograr lo que nos pide (Filipenses 2:13).

Jesús nos ha redimido por Su sangre, la cual limpia nuestro pecado para que podamos acercarnos a Él (Isaías 1:18 y 1Juan 1:9). Cuando Cristo nos reconcilió, nos acercó a Dios, le dio vida a nuestro espíritu (Juan 3:5-8 y Efesios 2:4-7) y el Espíritu Santo ahora vive dentro de cada creyente (Romanos 8:9) ¡Eso es asombroso!

Por el sacrificio de Jesús ahora somos verdaderamente libres de la condenación de la ley, de nuestro egoísmo y de la influencia del diablo y del mundo (Romanos 3:21-26 y Romanos 6:1-18). El poder de la cruz nos da vida nueva, porque el mismo poder que resucitó a Jesús de los muertos está disponible para ayudarnos a conquistar nuestra naturaleza pecaminosa – nuestra carne (Colosenses 1:19-22 y Gálatas 6:14-16).

La Biblia dice que somos criaturas *nuevas* en Jesucristo (Efesios 2:10). Esto significa que hemos sido creados **dos veces** – una cuando nacemos naturalmente y otra cuando nacemos del Espíritu. Y por la provisión maravillosa de Dios, nuestro nuevo nacimiento resulta en el fruto *eterno* en nuestras vidas que el Espíritu Santo produce. Este tipo de fruto en particular atrae a la gente hacia Jesús y por lo tanto, los cristianos pueden ayudar a reconciliar otras almas perdidas a Dios. El acercar a otros a Cristo es la cosecha eterna y es por la cual seremos recompensados cuando lleguemos al cielo.

Si soy libre en Cristo, ¿todavía tengo que cumplir las leyes de Dios en el Antiguo Testamento?

En el Antiguo Testamento, la ley de Dios incluía los Diez Mandamientos, más los requisitos morales y civiles que les fueron dados al pueblo hebreo para que sobresalieran como nación y más importante aún, como el pueblo de Dios (Deuteronomio 7:6). El propósito de Dios en formar la nación Israelita era para demostrarle Su amor al mundo por medio de ellos. Hoy en día, cuando escuchamos la frase 'La ley', por lo regular se refiere a los Diez Mandamientos. Muchas de las antiguas leyes ceremoniales y civiles ya no están en efecto porque ya no se aplican a nuestra cultura. Sin embargo, las leyes *morales* de Dios son eternas y son pertinentes para toda cultura, toda temporada y toda generación.

Cuando Jesús vino, Él cumplió la ley moral de Dios a la perfección (Colosenses 1:15-20). Por lo tanto, Él hizo un resumen de la ley del Antiguo Testamento, "Ama al Señor tu Dios con todo tu corazón, con toda tu alma, y con toda tu mente, y Ama a tu prójimo como a ti mismo" (Deuteronomio 6:4-9 y Mateo 22:36-40). Simplemente, cuando amamos a Dios con todo nuestro ser, Él nos da la capacidad de amar a otros más allá de nuestra propia habilidad. Y cuando amamos al Señor y a los demás, 'cumplimos' los requisitos de la ley porque ya no deseamos causarle daño a Dios y a los demás, o incluso a nosotros mismos.

Para comprender más este concepto, debemos fijarnos en la época de Jesús. La sociedad judía de ese entonces estaba repleta de líderes religiosos que habían agregado cientos de leyes que iban más allá de lo que Dios les había ordenado originalmente. Estas leyes creadas por los hombres dictaban todo, desde la forma en

que la gente debía comportarse en el culto de alabanza, lo que comían, cómo hablaban, cómo vestían y cómo debían conducir sus negocios.

El problema con estas leyes era: 1. No eran requisitos de Dios, sino esfuerzos para obligar a la gente a someterse; 2. Estaban tan oprimidos por sus reglas, que habían perdido el gozo del Señor y de servir a los demás; y 3. Por su orgullo y egoísmo sus

corazones estaban totalmente endurecidos hacia el Señor (Isaías 29:13). Para ellos se trataba solo de "seguir las reglas". No solo eso sino que también se sentían muy santos y MUY orgullosos de sus leyes y se vanagloriaban actuando muy 'santos'. Les robaban a los pobres y exigían el respeto de la gente común, pero ellos mismos no llevaban vidas piadosas. Esto era lo que le molestó a Jesús y la razón por la cual los confrontó (Mateo 12:33-37 y 23:27-28).

Ahora bien, antes de criticar a estas personas por sus actitudes, debemos recordar que como cristianos podemos caer en lo mismo. Les imponemos nuestras reglas a los demás y ¡nos sentimos superiores a ellos! Seguro que todos hemos compartido experiencias con personas que actúan como si fueran superespirituales. Se sienten muy orgullosos y les gusta que los demás piensen que ellos lo saben todo, pero carecen de amor, gozo, paz y compasión. Y realmente ¡es una pesadilla tratar con ellos!

Es una ironía que podemos llegar a sentirnos inferiores a ellos porque 'parecen' ser muy 'religiosos'. Sin embargo, los que siguen 'reglas cristianas' sin gozo o amor en sus vidas, los motivan causas que **NO LE AGRADAN** al Señor. Lejos de complacer a Dios, le causan vergüenza (Lucas 18:9-14). Ya que Jesús vino a salvar al perdido y a darle poder al quebrantado, comportase de una forma orgullosa o arrogante hacia los inconversos y los cristianos más débiles es darle una bofetada al Señor.

La gran recompensa

La naturaleza humana es compensar a la persona que te ha brindado algo y no hay diferencia cuando deseamos 'pagarle' a Jesús por lo que Él pagó por nosotros. El problema con esta forma de pensar es que se interpone a nuestra salvación. Sentimos la necesidad de HACER algo para salvarnos. O tratamos de trabajar y esforzarnos para que Jesús nos ame más.

"Tal vez si vamos más seguido a la iglesia o damos más dinero, rezamos más ave marías o tratamos mejor a la gente, *entonces* ganaremos más puntos con Dios". Hasta el cristiano más genuino batalla con este concepto. Como cristianos que hemos nacido de nuevo podemos sentir la necesidad de pagar por nuestro pecado. Si tienes alguno de los sentimientos a continuación, puede ser que aun estés atado a tu vieja manera de pensar:

Si sientes culpa constante por los pecados de tu pasado aun después de haberle pedido perdón a Jesús.

Siempre te juzgas por no ser perfecto o sientes vergüenza y te cuesta darle la cara a Dios, entonces necesitas entender la GRACIA que Él te ha otorgado por el amor incondicional que tiene por ti. *Jesús ya pagó el precio por tu pecado y el mío, tanto ahora y por siempre.* Tratar de pagarle por lo que nos dio sería como recibir el regalo

de un auto nuevo y algunos días después regresar al concesionario para preguntar si puedes hacer pagos costosos y gravosos por un auto que ¡ya está pagado por completo! Eso sería ridículo, pero a veces, ¡eso es exactamente lo que intentamos hacer con Dios! Queremos pagarle por una transacción que ya se <u>finalizó.</u>

Por eso, en vez de mal gastar nuestro tiempo y energía tratando de ganarnos Su amor, favor y provisión, debemos **reenfocar** nuestros esfuerzos. Necesitamos alejarnos del deseo de ganarnos Su atención y afecto, ¡porque ya lo tenemos! Aunque si nos pide que nos *esforcemos* en nuestro caminar con Jesús, no es para cubrir nuestro pecado ni para aparentar o hacer creer a los demás que no tenemos problemas. Lo que Jesús en realidad desea es nuestra obediencia que resulta de un corazón lleno de amor y devoción.

Nuestro deber es aferrarnos a Cristo,

Conocerlo más a fondo

Enamorarnos de Él por medio de la oración

Buscar Sus verdades en la Biblia

Servirle enteramente al compartir con otros nuestro tiempo, talento y tesoro

Y reunirnos con cristianos genuinos que son de buena influencia en nuestras

vidas.

• ¿Sientes que necesitas 'hacer más' para que Dios te ame?

Los 'cristianos' no comprometidos

Una pregunta común de los que no creen es esta: "Si Jesús es verdadero y vino a darnos libertad, ¿por qué hay tantos cristianos que actúan como los que *no* siguen a Cristo?" Aunque todos cometemos errores, hay personas cuyos *estilos de vida* no reflejan los principios que Dios nos dio en las Escrituras. A estas personas les falta un compromiso profundo con Cristo, porque no han crucificado la carne pecaminosa (Colosenses 3:5-9 y Gálatas 5:24-25). Crucificar la carne significa escoger lo bueno y poner nuestros deseos, sueños, metas, actitudes y pecados en las manos de Dios. Esto significa pasar tiempo a solas en oración y comprometernos a leer y obedecer la

Biblia regularmente. También hacer el esfuerzo consciente de vivir según la voluntad de Dios por medio del poder del Espíritu Santo.

Podemos ver un magnífico ejemplo de esto al observar a los cristianos clandestinos en muchas partes del mundo que predican la Palabra a pesar de que está prohibido el cristianismo. Estos son grupos impactantes de personas que están dispuestas a arriesgar sus vidas para predicar el evangelio de Cristo. Su enfoque es intenso e inquebrantable. Saben el precio exacto de su fe y ¡no desperdician su tiempo! No dicen, 'Tal vez hoy actúe como cristiano y mañana quizás no'. Ellos llevan la vida descrita en las Escrituras. *Constantemente* negándose los deseos de la carne. Porque arriesgan sus vidas nos damos cuenta de que para ellos no hay término medio. Esto es lo que le falta a muchos cristianos americanos. Vivimos tan preocupados por los afanes del mundo que nada nos distingue de los demás. Es por esto que muchos inconversos tienen problemas con el cristianismo. No ven el poder de Dios en lo que los cristianos dicen o hacen. La verdad es que Dios **pagó un precio** por nuestras vidas (1Corintios 6:19-20). Si dices ser cristiano y tu vida no muestra frutos ni gloria para Su reino, entonces debes hacer un examen de consciencia. Dios nos ha salvado para que lo glorifiquemos al traer almas perdidas a su reino (Romanos 1:5). La vida cristiana está llena de bendiciones espirituales, pero también requiere arrepentimiento y obediencia. No podemos gozar de las bendiciones de Dios sin sacrificar nuestro tiempo, talento y dinero para Sus propósitos.

No te equivoques – algunos se verán cara a cara con Jesús en el día del juicio convencidos de que irán al cielo por siempre. Pero se horrorizarán al oír a Jesús decir: "Nunca los conocí" (Mateo 7:15-23 y Mateo 25:1-13). No le rendimos honor a Su nombre cuando decimos ser cristianos y no actuamos como Él. Degradamos Su sacrificio y Su gracia cuando seguimos viviendo egoísta y pecaminosamente. ¡Qué dolor le causamos al Señor quien pagó el precio para que PUDIERAMOS ser diferentes!

La libertad cristiana es una cuestión del corazón

Ya aprendimos que la libertad cristiana no se trata de reglas y normas. Si tratamos de vencer el pecado con la fuerza de voluntad, o el 'poder intelectual', tendremos muchos problemas. La vida cristiana será como una pena de muerte en vez de la experiencia emocionante que realmente es. El secreto verdadero para vencer el pecado es buscar a Jesús. Agradamos a Dios cuando nos deleitamos en Él. Conforme nos va cambiando, comenzamos a ver el pecado como realmente es, porque nos va purificando con Su

presencia. Entonces nos damos cuenta de que DESEAMOS obedecerle *porque estamos enamorados de Él.* En lugar de exigirle, "¿Qué has hecho por mí?", debemos voltear hacia Él y preguntarle, "¿Qué puedo hacer yo por ti mi Señor?"

La única forma de mostrar agradecimiento por el asombroso regalo de Cristo es vivir una vida completamente entregada a Él.

La Palabra de Dios nos da instrucciones de lo que debemos hacer y de cómo nos debemos comportar en nuestro andar cristiano cuando obedecemos al Señor por *amor.* Es entonces que empezamos a comprender que lo que Él nos pide que hagamos es porque nos ama y no porque es autoritario y no que quiere que nos divirtamos.

Es lo mismo que hacemos con nuestros hijos. Les prohibimos ciertas cosas, no porque queramos dominarlos o ser malos con ellos, ¡por supuesto que no! Es porque los amamos y queremos que maduren y alcancen su potencial para ser el mejor ser humano posible. Y si nuestros hijos desobedecen, hay consecuencias. Sabemos por nuestra experiencia que si nos siguen desobedeciendo se lastimarán, y se perderá la intimidad de la relación que tenemos con ellos por su rebeldía. Es igual a lo que nos pasa en nuestra relación con Dios.

Sé que antes de entregarle mi vida a Jesús, yo *pensaba* que era libre porque hacia todo lo que me daba la gana. Pero ahora que reflexiono sobre el pasado, me doy cuenta de que en realidad no era libre cuando vivía conforme a los valores y la moralidad del mundo. En vez de disfrutar lo que yo escogía hacer, me sentía con temor y culpable. Sentía que mi vida no tenía ningún propósito, que la estaba desperdiciando. Me sentía sola y me odiaba a mí misma. Pero cuando decidí brindarle honor a Dios y permitir que Su Espíritu me llenara, me sentí realmente libre por primera vez en mi vida. Sabía que ahora tenía el poder de Dios y eso me permitía **escoger** lo bueno. Además, nunca experimenté el amor incondicional hasta que conocí a Jesús, y con solo tener esa relación con Él, me dio fuerza y confianza (Tito 3:3-8).

Entendí que mi vida tiene propósito y que Dios me usaría para Su gloria. Con el tiempo, el Espíritu Santo me dio los dones de: el amor, el gozo, la paz y la esperanza. Nunca me he arrepentido de esa decisión ☺.

- ¿Te sientes libre ahora, o te están deprimiendo las preocupaciones de este mundo?

- ¿Crees que es posible ser libre?

- ¿Te cuesta trabajo tomar decisiones que demuestren tu fe?

- ¿Temes permitirle a Dios que cambie tu vida porque te sientes cómodo donde estas?

¡No los asustes!

Muchas personas nunca han experimentado el amor incondicional y esto es lo que los atrae a los brazos de nuestro Salvador. Los que no han recibido la salvación se equivocan al pensar que tienen que 'purificarse' antes de entrar a una iglesia o para acercarse a Dios. Esta creencia mal interpretada se reafirma cuando otros cristianos les dicen lo que deben 'hacer' para agradar a Dios. Si les exigimos de inmediato que se acoplen a todas nuestras reglas estrictas, ¡los alejaremos de nuestro maravilloso Jesucristo! Jesús vino a librarnos no a esclavizarnos (Hechos 15:10-11).

   La realidad es que las personas saben que pecan. En su interior, saben que son culpables. Por lo tanto, no desean que les digan lo 'malos' que son cuando llegan a la iglesia y lo que tienen que cambiar para ser como 'nosotros'. Necesitan oír del amor y la gracia de Jesús. Pedro lo llama 'la leche de la Palabra' (1Pedro 2:2-3) porque los nuevos creyentes son bebés en la fe. Obviamente, esto no significa que no deben madurar en la fe o que se les permitirá continuar viviendo en su pecado sin permitir que Dios cambie sus vidas. La conversión verdadera demuestra una vida transformada. Pero pronto se darán cuenta del sacrifico necesario para tener el privilegio de servir al Rey Jesús. Y si necesitan ayuda en rechazar su vieja vida, Dios tratará con ellos *por medio de nosotros para corregirlos de una manera amorosa y genuina*, así como nos enseñó Jesús.

   • ¿Qué haces ahora en tu vida para encaminar a los perdidos hacia Jesús? Escribe dos cosas que puedes empezar a hacer hoy.

¿Cómo puedo asegurarme de que *seguiré* libre en Cristo?

Como cristiano, no tardarás en oír cosas como 'vivir en el poder del Espíritu Santo' o 'la vida cristiana llena del Espíritu'. Dios envió al Espíritu Santo para darnos poder para vencer a la carne y a este mundo. Si fallamos en vivir conforme al poder del Espíritu Santo, tarde o temprano, sentiremos que nuestra libertad 'carnal' está restringida. Esto significa que nuestra carne va a querer vencernos de nuevo, y lo que

nos atraía al mundo nos volverá a enredar. Y probablemente regresaremos a nuestras malas costumbres. Si a esas alturas intentamos ser obedientes con el Señor, sentiremos que tenemos una soga al cuello. He visto esto muchas veces. Alguien encuentra la fe y se aleja del mundo de las drogas, de pandillas, del abuso o de la religión estricta. ¡Está muy contento de haber encontrado a Jesús! Pero después de unos meses de 'tratar' de ser cristiano, pierde su determinación y regresa al mundo de donde salió.

Pero cuando vivimos por el Espíritu, Él nos comunica de una forma sobrenatural, que nuestra salvación está segura. Él nos brinda el poder para vivir como Él quiere que vivamos. Por medio de Su poder podemos entender que todo lo que Dios ha diseñado es para nuestro beneficio. Para recibir el Espíritu Santo debemos 'arrepentirnos, ser bautizados, y entonces recibiremos el don del espíritu Santo' (Hechos 2:38). Los dones del arrepentimiento y la salvación no son ordinarios,, y el poder de Dios en nuestras vidas no se puede fingir. Pero cuando empiezas a experimentar deseos, pensamientos y obras piadosas, te darás cuenta de que Dios es el que te da las fuerzas y de que no hay mejor vida que la de estar postrado a Sus pies.

Supongamos que sientes que el cristianismo 'no te dio resultado'. Tal vez has estado jugando con tu estilo de vida anterior y buscando alivio en cosas que nunca te han brindado felicidad. Tal vez estás obsesionado con tus hijos, tus finanzas o tu relación. Tal vez sientes que te has esforzado mucho en 'ser cristiano' pero no ves ningún progreso. O puede ser que te sientas desilusionado por las promesas que Dios dio en la Biblia, tales como: "Él prometió liberarme y soy más desdichado que nunca".

Si estás pasando por esto, reconoce que justo ahora es el momento que necesitas el consejo de un pastor o un amigo cristiano confiable, y que alguien interceda por ti en oración. Es esencial que estudies la Palabra y pases un tiempo a solas con Dios en oración para fortalecer tu alma. Recuerda que nuestra salvación está segura si en realidad hemos vuelto a nacer. Pero si en algún momento rechazamos a Jesús, tenemos que preguntarnos qué tan sinceros fuimos al momento en que nos convertimos (Hebreos 3:5-14 y Hebreos 6:4-6).

La conversión verdadera resulta en un fruto y compromiso duraderos. Aunque tendremos altibajos en cada decisión que tomamos, la verdad es que nos acercamos más a Jesús o al enemigo. Es por eso que Jesús dijo: 'O crees en Mi y me sirves a Mí, o le sirves al enemigo' (Mateo 12:30). *La paráfrasis es mía.* Satanás intentará recobrarte pero tú decides si le permites su objetivo.

Por eso antes de regresar a tus malas costumbres, reconoce que la verdadera libertad NO se encuentra en rechazar los caminos de Dios—¡eso es *imprudencia!* La verdadera libertad cristiana es la decisión de permanecer <u>dentro</u> de Sus límites. Esto contradice lo que la sociedad opina de la libertad—"Tengo la libertad de hacer lo que me da la gana, sin importar a quien le afecta". La verdadera libertad cristiana está repleta de autocontrol, lo cual resulta en un interés por el bienestar de los demás. Una consecuencia emocionante de seguir a Jesucristo es el sentir un amor profundo que viene de un corazón puro, una consciencia limpia y una fe genuina (1Timoteo 1:5). Y también recibimos los dones del Espíritu Santo (Gálatas 5:22-23).

• En este momento en tu vida, ¿Estás: a) muy involucrado con Jesús, b) viviendo dividido entre el cristianismo y el mundo, o c) tomando decisiones que excluyan a Jesús de tu vida?

<u>No es fácil</u>

Sería una mentira decir que vivir la vida cristiana es fácil. Pero, ¿qué tan fácil era tu vida sin Jesús? La vida es difícil de todos modos. Todos nos hemos dado cuenta de que las relaciones requieren mucho empeño. Sabemos que todo proyecto necesita determinación, fuerza y energía. Y cada vez que nos abstenemos de los excesos, por lo general, no es muy divertido.

No hay diferencia en nuestra relación con Dios. Esta relación es la más importante que tendremos y requiere tiempo, esfuerzo y sacrificio. Pero cuando verdaderamente aceptamos a Jesús en nuestros corazones, recibimos el inmenso regalo de la salvación eterna, y eso es motivo de gran gozo porque la sangre de Jesucristo nos ha declarado 'No culpables' y nos ha liberado.

Su Espíritu es el único que produce el fruto piadoso en nosotros, si se lo permitimos. Si persistimos en nuestra fe, veremos que Jesús nos da mucho más de lo que podemos recibir de este mundo (Colosenses 1:23). Lo cierto es que podemos tomar la decisión de someternos a la voluntad de Dios y a Su control de los tiempos para lograr la verdadera libertad, o podemos tomar lo que parece ser más fácil y regresar a nuestra vida anterior (Gálatas 6:7-10). Recuerda, Dios siempre quiere llevarte por 'el camino de la vida eterna'. Y recibimos la libertad verdadera al vivir sometidos a los caminos que Dios ordenó para nuestras vidas por medio del poder del Espíritu Santo.

RELEXIÓN

1. ¿Qué significa la libertad cristiana?

2. ¿Qué precio se pagó por nuestra libertad?

3. Escribe 3 cosas que puedes empezar a hacer para acercarte más al Señor.

4. ¿Temes permitirle al Espíritu Santo que haga un cambio en tu vida? ¿Por qué?

5. Tu estilo de vida, ¿atrae a otros hacia el Señor? ¿Puede alguien deducir que eres cristiano por tu manera de hablar y tu comportamiento?

6. ¿Crees tú que si eres una 'buena persona' puedes inclinar la balanza lo suficiente para llegar al cielo? Piénsalo bien—nuestra respuesta 'cristiana' puede ser: "No, porque Jesús pagó el precio por mí". Pero todos batallamos con la idea de que podemos ganar puntos por portarnos 'bien'

NOTAS

LA LIBERTAD

CAPÍTULO 9

LA CULPA

*El amor de Dios por nosotros es **mucho más poderoso** que nuestro pecado y culpa*

¿Vives con un gran sentido de culpa? Tal vez te sientes culpable de no haber criado bien a tus hijos. O te sientes culpable por un matrimonio fracasado. Puede ser algo que hiciste de joven y sigues cargando ese remordimiento. La realidad es que a todos nos afecta el sentido de culpa en cierto momento de nuestras vidas. Y a algunos de nosotros nos va *consumiendo.*

¿Qué ES la culpa?

La palabra <u>culpa</u> se define como: "Responsabilidad de la persona que ha causado un daño a otra", y por lo general lleva una pena legal, según la corte o alguna otra autoridad. Esta es la parte 'activa' de la culpa. Cuando hacemos algo indebido, pagamos un precio. Esto puede ser espiritual, financiero, emocional, físico o psicológico.

También es un "reconocimiento de haber hecho algo malo, acompañado por el sentido de vergüenza y arrepentimiento". Esto es lo que llamo la parte 'emotiva' de la culpa. Sentir remordimiento por nuestras acciones es como una señal de alerta que nos avisa cuando estamos haciendo algo en contra de la voluntad de Dios (Romanos 3:23). El Señor nos diseñó con un sentido saludable de culpa para que no nos desviemos.

¡Pero yo no sabía!

La única manera en que una sociedad funciona, es al tener límites legales y morales. Al poco tiempo de haber creado a la humanidad, Dios empezó a formar al pueblo hebreo. Él escogió a una nación especial para que el mundo pudiera ver Su poder y Su gloria por medio de la fe y el comportamiento de Su pueblo. Él deseaba ser su Dios y amarlos como Su propio tesoro (Deuteronomio 7:6-11).

Siendo una nación nueva, Dios tuvo que establecer leyes civiles, morales y ceremoniales que incluían castigos por la desobediencia para que pudieran vivir en armonía. Estas reglas no eran para impedir que se divirtieran, al contrario, eran para evitar los conflictos y el caos. Dios les prometió que si obedecían Su voluntad, podrían vivir en paz y prosperidad (Éxodo 6:7 y Levítico 26:12). Y Sus principios no han cambiado. Mucha gente hoy en día viven infelices porque deciden vivir en contra de lo que Dios diseñó para ellos.

Además, Dios les dio los mandamientos para que pudieran distinguir entre el bien y el mal y supieran lo que él esperaba de ellos (Romanos 5:12-13). Ya que se establecieron estas directivas, no podían fingir inocencia cuando desobedecían (Romanos 3:19-20). En términos modernos, no podemos decir: "Oh señor oficial, no sabía que tenía que parar en el Alto", porque sabemos lo que el Alto significa. Y aunque no nos gusten los reglamentos, sabemos que sin ellos habría completa confusión y desorden.

También sabemos el castigo que se nos impone por desobedecer la ley. Entendemos que pagamos con tiempo, dinero y energía por nuestra rebelión. Pero hay un castigo mucho más severo por vivir nuestras vidas en contra de los caminos de Dios. Más severo que pagar una multa o ir a la cárcel. Aunque no suframos las consecuencias inmediatamente, seguramente sufriremos más adelante por nuestras decisiones. Podemos ignorar los caminos de Dios ahora y pagar el precio después, o podemos recibir hoy la solución que Dios nos ofrece para el dilema del pecado en nuestras vidas (Romanos 3:21-28).

Y aunque somos perfectamente capaces de obedecer un Alto en la esquina, somos totalmente incapaces de vivir una vida santificada para el Señor sin una relación con Jesucristo y Su Espíritu Santo. Nuestra naturaleza pecaminosa no nos facilita tomar decisiones sensatas (Romanos Capítulo 7). En el campo espiritual, nuestro 'Alto' **es** la

Biblia. Nos avisa cuando nos desviamos de la vida que Dios desea para nosotros (Hebreos 4:12-13 y 2Timoteo 3:16-17).

El Señor quiere ser *nuestro* Dios y adoptarnos como Su propio pueblo (Efesios 1:12-14; Efesios 2:14-16; Tito 2:11-14 y 1Pedro 2:9-10). Y la única forma que esto puede ocurrir es si tenemos una relación vivaz con Él. Creer en Jesús y permitirle ser el maestro de nuestras vidas es la decisión más importante que podemos tomar en esta vida.

¡Soy culpable!

La verdad es que como seres humanos somos culpables ¡con el simple hecho de haber nacido! Nuestra naturaleza en sí, es contraria a la de Dios, porque nacemos en pecado e instintivamente tomamos decisiones que no se alinean con Su voluntad (Romanos 3:9-12 y 8:5-8). Con solo leer los primeros dos capítulos de la Biblia nos damos cuenta del pecado original y el sentido de culpa que comenzó con Adán y Eva. Génesis 2:25 dice que ellos no sentían vergüenza cuando andaban desnudos en el huerto. Pero en Génesis 3:7, la palabra de Dios nos dice que se les abrieron los ojos y sintieron vergüenza por su desnudez. ¿Cómo fue que pasó tan rápidamente?

Miremos lo que dice Génesis 2:25-3:21:

Satanás le habla a Eva	Génesis	3:1
Eva repite las palabras de Dios		3:2
Satanás le miente a Eva		3:4-5
Eva **le cree al diablo en vez de Dios**		3:6a
Eva convence a su esposo a participar en su pecado		3:6b
Su desobediencia los aparta de la intimidad que tenían con Dios y entre sí		3:7
Adán no acepta la responsabilidad por sus acciones y culpa a Eva y a Dios		3:12
Eva culpa a Satanás (la serpiente me engañó)		3:13b
Dios provee una cobertura para sus pecados. Derrama sangre inocente para cubrirlos con pieles		3:20-21

Aquí vemos que el PECADO trajo la **culpa.** Adán y Eva se avergonzaron en poco tiempo porque *escogieron* desobedecerle a Dios. Inmediatamente, la relación que tenían con su amado Señor cambió y ya no se sentían cómodos con Él. Empezaron a tener conflictos entre ellos mismos. Es increíble cómo esta secuencia de eventos ha sido el mismo plan que la humanidad ha seguido desde entonces. No creemos y le desobedecemos a Dios. Luego, intentamos justificar nuestras acciones. Les echamos la culpa a los demás y queremos que también compartan en nuestra miseria. Y tristemente, el resultado final del pecado, al igual que del sentido de culpa, es el alejamiento de Dios.

• ¿Puedes asociar estas actitudes a tu propia vida?

El pecado es tan viejo como el mar

Sabemos que el pecado ha existido desde el principio de la humanidad, pero lo interesante es saber que Dios también diseñó la forma de cubrir el pecado y el sentido de culpa. En el libro de Levítico, el Señor instruye a los Israelitas que sacrifiquen dos chivos para purificar al pueblo y así tratar con el pecado. Un chivo era para el perdón de sus pecados y el otro era un símbolo para quitar el sentido de culpa que acompañaba al pecado. A este chivo, acertadamente, se le llamaba el chivo expiatorio (Levítico 16:6-10). Una vida se entregaba a cambio de otra vida, "porque sin derramamiento de sangre, no hay perdón" (Hebreos 9:22). Esto era para enseñarles que su pecado estaba asociado con la muerte y requiere un precio muy alto.

Dios hasta separó la culpa en diferentes categorías llamadas 'ofrendas por la culpa' (Levítico 5:14-19). La primera ofrenda por la culpa era para aquellos que pecaron contra las cosas sagradas del Señor. Esta ofrenda era por el pecado intencional pero también por el pecado cometido inadvertidamente. La segunda categoría era para aquellos que no estaban seguros si eran culpables o no. Estaba disponible para aquellos que tenían cargos de consciencia y les brindaba la oportunidad de pedir y recibir la seguridad del perdón de Dios. El tercer tipo de ofensa que requería una ofrenda de culpa era para la persona que se declaraba inocente pero que en realidad era culpable. Debían de pagarle todo a la persona ofendida y agregarle los intereses devengados.

El pueblo hebreo tenía que hacer sacrificios cada día y cada año por sus pecados y así fue por varios siglos. Pero cuando vino Jesús, Él canceló la deuda de una vez por todas (Hebreos 9:11-14 y 9:18-22). Él *era* el Cordero sin pecado ni mancha que vemos en el Antiguo Testamento (Éxodo 12:5 y 1Pedro 1:18-19). Por esto se le llama el "Cordero de Dios" (Juan 1:29-30). El propósito de este sistema complejo de sacrificios era dirigir al pueblo de Dios (Israel) hacia el Mesías que vendría. Se instituyó para que cuando Jesús llegara, el pueblo entendería el concepto del derramamiento de sangre por sus pecados. Desafortunadamente, la mayoría de ellos estaban tan entregados a sus costumbres 'religiosas' que no reconocieron a Jesús cuando vino a salvarlos. Pero esa fue precisamente la razón por la cual **decidió** morir—para pagar el precio y así poder reconciliarnos con Dios (Colosenses 1:15-22).

¿Por qué es tan importante Jesús?

Hay muchas religiones que dicen ser 'cristianos'. Sin embargo, para saber si son verdaderos creyentes o no, hay que saber qué creencias tienen acerca de Jesús. Muchos piensan que tan solo era un 'hombre bueno' o un 'profeta'. Pero la Biblia nos dice que Jesucristo es la segunda persona de la trinidad y como tal, también es el Dios eterno (Isaías 9:6-7; Juan 1:1-5 y Juan 17:20-21). El 'Verbo' del cual habla Juan en estas escrituras es Jesucristo, el Verbo *viviente.* También a la Biblia le decimos el 'Verbo escrito' que también es la palabra que es **viva** y poderosa (Hebreos 4:12). Como vemos, el verbo (Jesús) y la Palabra (la Biblia), son vivientes y ¡tienen el poder de transformar nuestras vidas!

La mayoría de nosotros hemos oído: "En el nombre del Padre, del Hijo y del Espíritu Santo". Tal vez no lo analizamos muy a fondo, pero la insinuación es extremadamente importante. En la sociedad en la que se escribió la Biblia, hubiera sido un sacrilegio poner estos tres nombres juntos en la misma oración si no tuviesen la misma posición de autoridad. En sus mentes, nada se comparaba con Dios todopoderoso. Incluso, los judíos ni se atrevían a decir la palabra 'Dios' porque le tenían mucha reverencia.

La Biblia establece claramente que Dios Padre, Dios Hijo (Jesús) y Dios Espíritu Santo siempre han estado juntos, desde antes que la tierra se formara (Génesis 1:26). La palabra hebrea, Dios, que se usó en esta escritura es 'Elohim' y se traduce como **plural** de Dios. Esto no significa que hay tres Dioses, como unos piensan. El cristianismo es una fe 'monoteísta'. Mono significa 'uno solo' y 'teísta' viene de la palabra 'theo' que significa 'Dios'. La verdad es que el Padre, Hijo y Espíritu Santo son iguales en poder, majestad y autoridad, pero tienen diferentes funciones. Así como en el gobierno existe la parte ejecutiva, legislativa y judicial y todas se consideran 'el gobierno' aunque tienen la misma autoridad, desempeñan diferentes papeles.

Es esencial entender y creer que Jesús es Dios, porque solo DIOS pudo haber hecho el sacrificio necesario para perdonar nuestra deuda del pecado. Míralo de esta manera: Si otra persona hubiera muerto por tu pecado, sería algo impactante, pero su sacrificio no te hubiera reconciliado con Dios, porque esa persona también es un pecador. Pero porque Jesús (siendo Dios) es el único ser humano perfecto, solo Él está calificado y sin tacha para santificarnos y limpiarnos de nuestro pecado (Isaías

53). Él nos 'compró' con Su preciosa sangre y con este hecho tiene el derecho de exigir nuestro afecto y lealtad (1Pedro 1:17-19).

A propósito, en Isaías 53 se escribió la profecía de Jesús casi 700 años antes de que Él viniera a la tierra. Se profetizó mucho antes para que lo reconociéramos como la respuesta milagrosa del plan de Dios. Jesús es la razón por la cual ya no tenemos que derramar la sangre de animales. Colosenses 2:13-15 dice que cuando nos acercamos a Dios en arrepentimiento genuino, recibimos Su perdón y cancela nuestra deuda. Cuando Jesús perdona nuestros pecados, la transacción está completa (1Juan 1:9). Incluso, se *olvida* de ellos, ¡literalmente (Jeremías 31:33-34)!

• ¿Crees tú que cuando le pides perdón con sinceridad, Él te libera del pecado y se olvida de tus faltas?

Jesús vino para liberarnos

 Es esencial fijar nuestra vista en Jesús y recordar cuál fue Su misión cuando vino a salvarnos.

JESÚS MURIÓ POR NOSOTROS para:

Purificarnos

Acercarnos a Él

Perdonarnos

Librarnos

Sanarnos

Habilitarnos para vivir para Él

Llevarnos al cielo ¡para vivir con Él eternamente!

Aunque nacemos con un estado de rebelión contra Dios, Jesucristo ha cambiado nuestro aislamiento del Padre por medio de Su muerte y resurrección. Al aceptar el sacrificio que Jesús hizo para satisfacer la ira de 'Dios' contra el pecado (1Juan 2:1-2). Ahora somos santificados y sin culpa por la pureza de *Jesús* (Colosenses 1:21-23a). Esto es lo que la Biblia dice que somos en Cristo (Efesios 2:10).

Si le hemos permitido a Jesús entrar a nuestros corazones y con tristeza le hemos pedido perdón, es necesario que **aceptemos** que ya es un hecho. El revivir nuestros pecados y continuar castigándonos es como si el juez te dejara libre en la corte y luego tú regresas a rogarle ¡que te mande a la cárcel! Ya que es Dios mismo el que nos limpia, perdona y se olvida de nuestro pecado, si seguimos aferrándonos a nuestra culpa, básicamente decimos que Él no hizo lo suficiente para redimirnos. Estamos ignorando Su sacrificio y como la Biblia es la Verdad de Dios, le llamamos mentiroso cuando nos negamos a creer que hemos sido perdonados.

• ¿Puedes pensar en un par de áreas de tu vida en las que le has pedido a Dios que te perdone, pero sigues aferrado a tu sentido de culpa?

Dos tipos de culpa

Hay dos tipos de culpa—sana y malsana. Hemos visto que la 'culpa sana' es cuando Dios nos permite saber que estamos haciendo algo malo. Esto nos lleva al arrepentimiento (2Corintios 7:10a). El arrepentimiento genuino significa no solo darle la espalda a nuestros pecados, sino también volver a los caminos del Señor. La culpa sana se enfoca en cambiar nuestros caminos para agradar al Señor. Esto incluye el sentido de tristeza al estar separados de Él y tomar los pasos necesarios para restaurar nuestra relación con Él. Si nos sentimos culpables porque continuamos en el pecado, ¡eso es bueno! Espero que eso nos haga sentir tan incómodos que abandonamos nuestra conducta impura.

Sin embargo, uno de los peligros de **vivir** en este estado de culpabilidad sin ningún cambio es que esto nos hace sentir mal cuando nos acercamos al Señor en oración. Podríamos pensar que Él está tan molesto con nosotros que no nos quiere escuchar. Podríamos también alejarnos de la iglesia porque nos sentimos incómodos, como hipócritas. Pero es precisamente en ese entonces cuando Dios ¡no quiere que nos alejemos! Necesitamos que el Señor nos sane y perdone nuestros pecados. Debemos escuchar la predicación de la Palabra de Dios y necesitamos la fuerza y el apoyo de otros creyentes que también batallan en su diario caminar con Cristo.

Es esencial que veamos las vidas restauradas de aquellos que han decidido abandonar su pecado. Esto nos da la esperanza de que nosotros también podemos superar nuestras debilidades. Cuando nos aislamos, dejamos de ver las cosas desde el punto de vista de Dios. Y nos descarriamos más hacia el pecado. Aquí es exactamente donde el enemigo quiere tenernos--en lo oscuro, a solas, con miedo y llenos de culpa y vergüenza. Cuando te encuentras allí, será mucho más difícil seguir adelante. Perdemos la esperanza de un futuro y de poder cambiar. Si vivimos de esta manera, no somos útiles para el reino de Dios.

Culpa malsana

La culpa malsana nos hace enfocarnos en nosotros mismos. En 2Corintios 7:10b se describe como 'tristeza del mundo'. Este sentido de culpa no te motiva a cambiar ni a arrepentirte. Esto es cuando nos 'arrepentimos' porque nos pescaron, o porque alguien se enoja con nosotros porque los lastimamos. Pero no hay remordimiento por el pecado. Este tipo de culpa malsana nos ata al pasado y no nos trae nada bueno. Incluso, este tipo de 'culpa' puede resultar en muerte espiritual, porque nos aleja de Dios.

¿Cómo hago para saber qué tipo de culpa estoy sintiendo?

La manera de saber si nuestro sentido de culpa es saludable o no, es al examinar nuestro comportamiento. Cuando sentimos culpa, ¿nos alejamos del pecado y nos acercamos a Dios, o seguimos enfocados en nosotros mismos pensando en cómo justificar nuestro comportamiento y sentimos menos deseo por las cosas de Dios?

Algunas de las maneras en que se manifiesta la culpa son:

El temor al cambio

La incapacidad de mantener relaciones estrechas

El temor a la intimidad

El temor al compromiso

O, la incapacidad de salir fuera de tu elemento.

Podrías:

Perder o aumentar de peso

Volverte autodestructivo

Asumir la culpa en toda situación

Ser incapaz de perdonarte a ti mismo

Sufrir dolores físicos

Sentirte aislado

Tener temor a las emociones muy fuertes

Ser incapaz de llorar,

Y en situaciones severas, tener tendencias suicidas.

• Si vives con sentimientos de culpa que no has resuelto, escribe cuantos síntomas has tenido en tu vida (obviamente, hay muchas razones por las que podríamos tener estos problemas, pero considera la posibilidad de que la culpa que llevas podría ser la causa).

Pero yo no me *siento* culpable…

Luego, por supuesto, hay ocasiones cuando *somos* culpables, pero no nos *sentimos* culpable. Por eso debemos estar conscientes de que solo porque no nos *sintamos* culpables, ¡no quiere decir que no lo seamos! Efesios 4:17-24 dice que nuestra consciencia puede estar llena de oscuridad. A través del tiempo, el pecado que no hemos confesado y del cual no nos hemos arrepentido, puede oscurecer nuestra consciencia y emociones para que sintamos cada vez menos el sentido de culpa sana. Y entre más luchamos contra lo justo, más se endurecen nuestras emociones.

Este tipo de comportamiento nos lleva a una culpa reprimida porque nuestra culpa sigue allí aunque no lo reconozcamos. Cuando hacemos a un lado nuestra culpa para seguir haciendo lo que queramos, aunque sabemos que está mal, la culpa todavía está allí. Aunque no nos 'sintamos' mal por nuestras acciones, nuestro subconsciente aún tiene que lidiar con nuestra rebelión de alguna manera. Aún los médicos y los psicólogos saben de este fenómeno; todos saben que muchos de los problemas físicos, emocionales y mentales que sufrimos hoy en día son el resultado directo de un sentido de culpa. *Dios sabía que la culpa que acompaña al pecado sería tan devastadora como las consecuencias del pecado mismo.*

• Si estás batallando (o has batallado) con la culpa, ¿tu sentido de culpa era sano o malsano?

• ¿Cómo te ha hecho sentir? ¿Te llevó al arrepentimiento y al cambio de tu comportamiento, o seguiste en el pecado sufriendo de la culpa y la desdicha?

Perdonado, pero sin alivio

Hay otro tipo de culpa malsana. Tal vez si *estamos* arrepentidos, hemos confesado nuestro pecado y hemos cambiado nuestro comportamiento pero seguimos cargando el *sentido* de culpa y no sabemos cómo dejar ese dolor relacionado con nuestro pecado. Esto puede destruirnos espiritual, física, emocional y mentalmente. Es una arma poderosa que Satanás usa para tenernos esclavizados.

Es posible que nos sintamos desdichados en este estado, pero necesitamos reconocer que es nuestra responsabilidad estudiar la Palabra de Dios y permitir que Él transforme nuestra mente. Si seguimos cargando con esa culpa después de haber pedido perdón, entonces la verdad es que hemos *elegido* revivir esas memorias viejas y hemos *elegido* condenarnos a nosotros mismos por nuestro pasado. Si continúanos así, a menudo terminamos con la mentalidad de 'victima'. Pensamos que el mundo nos ha lastimado y que nos 'debe' algo. Si no cambiamos nuestro pensar para que encaje con el de Dios, estamos *escogiendo* concentrarnos en los malos sentimientos. Dios quiere que sometamos nuestros sentimientos y pensamientos a Su verdad para tener una perspectiva estable.

Es posible que te parezca extraño reconocer que podrías estar tan acostumbrado a tu culpa que no la quieres dejar. Puede ser que hasta cierto punto creas que estás entregando parte de tu identidad. Y posiblemente nos aferramos a nuestra culpa porque sentimos que en cierta forma estamos *pagando por nuestras fallas y pecados.* Puede ser que sintamos la <u>necesidad</u> de sufrir porque le causamos daño a alguien y sentimos que nuestro dolor pagará por lo que hemos hecho. O, podemos llegar a pensar que si dejamos nuestra culpa, perderemos lo que nos ata a esa persona. Filipenses 3:13-14 dice que debemos 'olvidar' el pasado. Esto no significa que dejamos de recordar por lo que hemos pasado o lo que hemos hecho. En realidad, si guardamos la cuenta de nuestros errores, puede tener un efecto positivo en nosotros al impedir que regresemos a nuestra vida anterior. También es un beneficio compartir nuestras fallas y victorias con los demás y usar nuestro pasado como testimonio de la gracia de Dios y de Su provisión en nuestra vida. Pero Pablo está hablando de no vivir enfocados en los errores del pasado. Esos hechos ya pasaron y el daño ya está hecho. Nuestro deber es dejar los sentimientos negativos asociados con esos errores. Necesitamos hacer lugar en nuestras mentes para que Dios haga Su obra. No te olvides de que Él es el Maestro que cambia nuestras malas decisiones y ¡las usa para **Su** gloria! (Génesis 50:20). Porque nuestros sentimientos pueden engañarnos fácilmente, debemos someternos a la Palabra de Dios y entrenar nuestra mente para creer lo que Dios dice acerca del pecado y la culpa.

• La Biblia es el agente que el Espíritu Santo usa para limpiarnos, consolarnos y para sanar nuestra mente y las emociones. ¿Puedes hacer un compromiso con Dios que leerás Su Palabra por lo menos 15 minutos cada día? El libro de Juan es un buen lugar comienzo.

¡Aquí viene la esperanza!

Jesús vino para restaurar nuestra relación con Dios. Y vino a salvarnos, no a juzgarnos (Juan 12:44-50). Él comprobó Su `poder sobre todas las fuerzas espirituales con Su propio sacrificio de muerte y resurrección. Ahora tenemos ese <u>mismo poder</u> para vencer nuestros pecados porque tenemos al Espíritu Santo que vive en nosotros (Romanos 8:11). Cuando Jesús nos perdona y nos da la victoria sobre el pecado, nosotros debemos *tomar la decisión* de dejar la culpa que acompaña ese pecado. Es nuestra *decisión* si usamos el poder disponible del Espíritu Santo para vivir una vida llena de paz, gozo y esperanza. El Espíritu de Dios nos da ese poder para dejar nuestras culpas, si tan solo se lo permitimos.

Recuerda, ¡siempre hemos tenido la habilidad de pecar! Antes de ser salvos no teníamos el *poder* necesario para escoger lo que le brinda honor a Dios. Sin embargo, ahora tenemos la libertad de vivir una vida justa. Jesús nos puso esa opción en las manos al triunfar sobre la muerte y el pecado. Leemos en Isaías 53:5-6 que Él (tomó sobre sí) nuestros pecados y nuestra culpa. Los borró con Su sacrificio. Este es el misterio de la cruz y la sangre. Ahora tenemos *SU* poder, no solo el nuestro.

Entonces, ¿Cómo puedo ser libre de culpa?

Gloria a Dios por darnos la solución por medio de Su Palabra y Su Espíritu. El Salmo 32 habla de la confesión y el arrepentimiento. Lo interesante de la palabra hebrea, 'culpa' en el versículo 2 se traduce como 'pecado' en el griego—son inseparables. El salmista sabía que el resultado de la confesión y el arrepentimiento sería un irresistible gozo por nuestra relación restaurada con el Señor. Observa cómo esta escritura incluye ¡la sanación emocional, física, mental y espiritual! Después de ser restaurados tenemos la certeza de que Dios nos protegerá porque vivimos conforme a Su voluntad (versículo 8). Él purifica nuestros corazones al acercarnos a Él, lo cual nos permite oírlo más fácilmente. Y al seguir en este proceso sano, Él nos da el poder para obedecerle lo cual, aumentará nuestra paz.

Tenemos que *elegir* dejar de oír el mismo 'disco rayado' que nos dice que hemos causado un daño irreparable. Aunque sí es cierto que hemos herido a los demás antes de entregarle nuestra vida al Señor, Su Palabra dice que nos devolverá los años que perdimos a causa de la langosta (Joel 2:25). Lo que perdimos por nuestro pecado ¡*puede* ser perdonado y restaurado! Yo he visto muchas vidas restauradas por el poder de Dios. Y Él hará lo mismo en tu vida si le permites el lugar que le corresponde en tu vida.

Mientras mantengas la mirada hacia Dios cada vez que te caigas o desobedezcas, estás bien. Cuando te vengan pensamientos negativos, es tu responsabilidad tomar control de tu mente y remplazar esos pensamientos con la Palabra de Dios. Recuerda que cada decisión que tomamos es extremadamente importante porque nos acercamos al Señor o nos alejamos de Él. No podemos ser neutrales con Dios (Mateo 12:30). No te corras de Su escudriñamiento ni de su inmenso amor por ti. Si nos mantenemos en contacto íntimo y diario con nuestro Salvador, Él nos mantendrá libres del pecado y por lo tanto libres de culpa (Salmo 19:13).

• Escribe 2 cosas que puedes hacer hoy para librarte de tus culpas.

Pídele al Espíritu Santo que alumbre los pecados escondidos que tienes en tu vida (Salmo 19:12-13). A veces no podemos ver nuestras faltas. Es más fácil ver los pecados de los demás, mientras ignoramos los nuestros (Mateo 7:1-5). Pídele a Dios Su poder para vencer tu desobediencia. Si no estás arrepentido verdaderamente, ¡dile eso también! Pídele que cambie los deseos de tu corazón para que desees vivir la vida que Él tiene para ti. Sigue buscando al Señor cada día y no te des por vencido si no cambias de la noche a la mañana.

Pídele a Dios la sabiduría y el poder necesario para entrenar tu mente para que puedas dejar tu sentimiento de culpa. La confesión genuina no es solo palabras, sino también la intención de cambiar y permitirle a Dios hacer los cambios necesarios en nuestras vidas. Cada vez que le pedimos perdón con un corazón verdaderamente arrepentido, Él nos limpia de una forma sobrenatural (Salmo 51: 1-17). Entre más a fondo y más seguido lo busquemos, más y más seremos transformados a la imagen de Jesús. Nosotros no entendemos este proceso completamente. La obra que Él hace en nosotros va más allá de nuestra propia capacidad. Pero la Biblia dice que <u>somos vencedores</u>. Y lo podemos creer porque la Palabra de Dios es eterna, siempre verdadera y absolutamente confiable.

Es hora de permitir que Su sacrificio limpie nuestros viejos pensamientos. *Él sufrió para que ya no tuviéramos que vivir en tristeza por nuestro pasado.* Él merece que vivamos restaurados. Solamente cuando le permitimos cambiar nuestra mente y nuestro corazón podrá Él revelar Su gloria por medio de nosotros a este mundo en pena.

Sentir remordimiento sin hacer un cambio nos convierte en víctimas y nos lleva a culpar a otros. Pero el arrepentimiento genuino resulta en una transformación del corazón, la actitud y las acciones.

Realmente podemos ser libres del sentido de culpa.

REFLEXIÓN

1. ¿Tienes culpas en tu vida que no has resuelto? Pueden ser sentimientos acerca de tu cónyuge, tu familia original, tus hijos o alguien más que hayas lastimado en tu pasado.

2. Pregúntate, ¿por qué sientes la necesidad de aferrarte a estos viejos sentimientos?

3. ¿Piensas que al guardar estos sentimientos de culpa, disminuyes el dolor de la persona a la que ofendiste?

4. ¿Quieres ser libre de tus culpas? (La respuesta a esta pregunta requiere reflexión. Tú instinto probablemente responderá que ¡SÍ! Pero muchas veces tememos dejar los sentimientos a los cuales nos hemos acostumbrado y que forman parte de nuestro ser).

5. ¿Crees que Jesús te puede librar de estos pensamientos y sentimientos? Si es así, ¿cómo vas a empezar a permitir que el poder del Espíritu Santo te libere?

NOTAS

CAPÍTULO 10

LA SANTIDAD

¿Qué significado tiene para ti la palabra *'santo'*? ¿Piensas en un Dios distante que es demasiado bueno para codearse con la humanidad? O tal vez pienses que es una palabra antigua que solo se usa para describir a personas 'especiales'. Quizás te venga a la mente personas que pasan todo el día en oración, pero viven separadas del resto del mundo. Entonces, ¿qué es la santidad? ¿Existe algún requisito inicial para la santidad? Y ¿cómo se lleva una vida 'santa'?

Nuestro propósito especial

Primero, averigüemos qué significa la santidad. El idioma hebreo, que es el idioma del Antiguo Testamento, describe la santidad como algo o alguien que está 'apartado', 'dedicado' o 'consagrado'. También significa 'limpiar o purificar'. Poco tiempo después de que Dios creó a la humanidad, Él escogió a la nación Israel como su propio pueblo. Él les pidió que 'consagraran' o le 'dedicaran' sus vidas a Él. Él quería que Su amor y poder se reflejaran por *medio* de ellos para que la gente que no era de la fe viera la gloria de Dios (Éxodo 6:6-9).

Muchos huyen de esta idea de ser santo porque piensan que es imposible lograrlo. Para otros, les parece que es mucho trabajo, porque el hacer 'lo que quieren' es mucho más fácil. A menudo la gente piensa que la relación con Dios requiere que cambien toda su vida. Y otros piensan que vivir una vida dedicada al Señor será simplemente 'muy aburrida'.

Pero la santidad de Dios nunca ha cambiado, y aún se usa para describir la vida que el Señor desea para nosotros los cristianos (Romanos 12:1). Incluso, por toda la Biblia le llama a Su pueblo que sea santo porque Él es santo (Levítico 11:44-45). Antes de ser salvos, éramos incapaces de vencer nuestra naturaleza pecaminosa.

Pero por el poder del Espíritu Santo ahora podemos *escoger* una vida de pureza (Romanos 15:16). Claro que no seremos perfectos hasta que lleguemos al cielo, pero Dios promete limpiarnos si le damos dominio sobre nuestras vidas. Y fíjate que dice *sé* santo, lo cual implica cierta responsabilidad de nuestra parte (2Pedro 3:11-14).

¡No estás solo!

El cristianismo es la única religión en el mundo en la cual no tienes que vivir tu fe a solas o por tu propio esfuerzo. Dios está más que dispuesto a ayudarnos a vivir la vida que Él quiere que vivamos. Él vive y tiene el poder para crear. Por eso es el único con la habilidad de impartirle a su creación una nueva vida. Incluso, Filipenses 2:13 dice que Dios trabaja en nosotros y ¡nos da el deseo y el poder para obedecerle y hacer Su voluntad! No podemos vivir una vida santa con nuestros propios esfuerzos—y eso es lo hermoso de nuestro Señor. Él es el Único que nos puede cambiar por dentro. Nuestra responsabilidad es acercarnos a Él y *permitirle* que nos cambie.

Claro que Dios Padre, Dios Hijo y Dios Espíritu Santo son los únicos que son completamente santos en el universo. Y lo asombroso es que el Señor *nos imparte* Su santidad cuando confiamos en Jesús como nuestro Salvador (Tito 3:3-8 y 2Pedro 1:3-4).

Sí es cierto que nuestras decisiones personales para alcanzar la santidad requieren disciplina, pero los beneficios de una vida dedicada al Señor son mucho mejor que cualquier otra cosa que deseemos hacer. Lo que no reconocemos es que una vida alejada de Dios nos hace esclavos de nuestra naturaleza pecaminosa (2Pedro 2:18-22). Podemos *pensar* que somos libres aún cuando no vivimos bajo la autoridad de Dios, pero nos engañamos a nosotros mismos (Gálatas 5:16-17). La verdad es que nunca estaremos más satisfechos y contentos que cuando nos entregamos al Señor; porque a cambio, Él nos da Su gozo, paz, amor y esperanza.

El deseo de Dios es de santificarnos, y esa es la razón principal por la cual Cristo murió por nosotros—para que la distancia entre Dios y nosotros se cerrara (Efesios

1:3-8). Jesús nos limpió la mancha del pecado para que pudiéramos acercarnos a Dios, que es perfectamente santo (Colosenses 1:21-22). Él se esforzó mucho por tener una relación con nosotros ¡para que pudiéramos vivir con Él hoy y para siempre!

Y como si eso fuera poco, Jesús derramó Su sangre en sacrificio para que pudiéramos acercarnos al trono de Su gracia con toda confianza (Hebreos 4:16). Podemos presentarnos ante el Señor del universo sin temor de ser rechazados. No hay formas que rellenar ni se requiere un cetro para tener una relación íntima con nuestro Dios. Considera esto—¡eso no lo podemos hacer ni con los reyes de este mundo!

- ¿Te sientes cómodo en acercarte a Dios?
- ¿Piensas que Él está muy ocupado para escuchar y responder a tus oraciones?
- ¿Piensas que Dios es tan santo que no querrá tener nada que ver contigo?

El templo de Dios

Dios nos brinda muchas bendiciones y privilegios cuando decidimos vivir de acuerdo con Sus principios. Una de las verdades más sorprendentes de la vida cristiana es que ¡*somos el templo del Espíritu Santo* (1Corintios 3:16-17)! En el Antiguo Testamento se construyó el primer templo de este mundo. Era el lugar más sagrado sobre la tierra porque en el moraba Dios mismo (1Reyes 8:10 y Habacuc 2:20). Y milagrosamente, nosotros como cristianos alojamos a Dios, el Espíritu Santo, en nuestro interior cuando aceptamos a Jesús en el corazón.

Jesús ,mismo dijo que Él es la piedra viva principal (angular) del templo (1Pedro 2:4) Asombrosamente, esto se profetizó casi 660 años antes que Él fuera esa piedra sólida y probada (Isaías 28:16). La piedra angular es la más importante de un edificio, porque es la que mantiene la integridad de la estructura. Igualmente, Cristo es la cabeza de la iglesia y la mantiene unida (Efesios 5:23).

Cuando seguimos dejando el pasado atrás y permitimos que Dios nos sane, nuestro 'templo' se vuelve más y más placentero para el Espíritu Santo (Efesios 2:19-22). Conforme conocemos a Dios más íntimamente, adquirimos un nuevo deseo de proteger nuestra vida del pecado, porque nuestro amor por el Señor se profundiza y nos da el deseo de complacerlo aún más. Y pronto llegaremos a un lugar en el cual no querremos entristecerlo (Efesios 4:30).

Somos sacerdotes del Dios Altísimo

Aunque había muchos sacerdotes en la nación hebrea, solo a uno le decían el 'sumo sacerdote'. Era el único que tenía permitido entrar al cuarto más sagrado del templo, le llamaban el 'lugar santísimo'. Esto lo hacía una vez por año para hacer un sacrificio por los pecados del pueblo judío. Este rito era un anticipo de Jesucristo quien se convirtió en *nuestro* Sumo Sacerdote (Hebreos 2:17; 3:1; 4:15 y 10:19-21). Él es el que nos ha dado acceso al cuarto sagrado de Dios. Él es también nuestro mediador principal y abogado entre Dios y nosotros. Y así es como cumple con su deber sacerdotal (1Timoteo 2:3-6). Y siendo Dios, Él es intachable y santo, tal como nos pide que seamos (Hebreos 7:26).

Es esencial que leamos y entendamos el Antiguo Testamento porque es un 'prototipo' de nuestra fe hoy en día. Por ejemplo, nosotros como cristianos somos *sacerdotes de Dios* (1Pedro 2:5,9; Apocalipsis 1:5-6 y Apocalipsis 5:9-10). Este es un alto llamamiento de privilegio y responsabilidad. Como sacerdotes, nuestro trabajo es ofrecer sacrificios de alabanza continuamente a Dios y someternos a su señorío. También debemos proclamar la gloria de Su nombre y la belleza de Su carácter a otras personas. Somos llamados a compartir lo que tenemos con los necesitados porque esto también es un sacrificio agradable al Señor (Hebreos 13:15-16).

• ¿Cómo te sientes al saber que como creyente, tú eres el templo del Espíritu Santo y un sacerdote del Dios Altísimo?

Pisando tierra santa

El pueblo hebreo estaba consciente de que conforme se relacionaba con Dios, *pisaba tierra santa* (Éxodo 3:5). Su fe estaba integrada en sus vidas diarias, por eso sabían que estaban en la presencia de Dios todo el tiempo. Como creyentes, también debemos estar conscientes de esta importante verdad cuando tenemos una relación con el Señor.

Hemos visto que Jesús nos ha dado libre acceso al trono de Dios. Pero esta gracia le costó caro. Debemos tener una actitud de reverencia cuando nos acercamos a Él. Muchos cristianos hoy en día tratan a Dios casualmente, como si fuera su 'compadre'. Recuerda que Él es santo y como tal, merece nuestra absoluta adoración y respeto. Después de todo, Él ES el Rey de reyes y Señor de señores (1Timoteo 1:17, 1Timoteo 6:15-16; Apocalipsis 17:14). Y Él es el ¡*Eterno* y *Todopoderoso Dios!*

¿Cuál es tu actitud hacia Dios cuando oras?

<u>¿Qué pasa si continuamos llevando una vida impura</u>?

Hemos aprendido que la santidad es uno de los objetivos principales que Dios tiene para nuestra vida. Cuando seguimos viviendo en pecado, la Biblia dice que no desobedecemos leyes humanas, sino más bien, rechazamos a Dios mismo (1Tesalonicenses 4:7-8). Con solo ver a nuestro alrededor, podemos ver cómo el pecado ha infiltrado nuestra sociedad. Y es interesante ver como nuestra cultura no es la primera en la historia en demostrar una desobediencia generalizada. Encontramos varias semejanzas con Israel del año 700 AC y América de hoy en día (Isaías 59:1-14). Y civilizaciones tan poderosas, como el imperio romano, han caído, no por falta de fuerza, pero como resultado directo de su inmoralidad desenfrenada. Claramente, cuando toleramos y alabamos las cosas impuras, ¡nosotros nos VOLVEMOS impuros! Dios nos llama a ser rectos moralmente. Y quiere que seamos la sal y la luz para este mundo moribundo para que los que no son salvos, sientan atracción por Él (Mateo 5:13-16).

Es importante reconocer que nuestro deseo por la santidad es un resultado directo de nuestra pasión por Jesús. Y ciertamente perderemos nuestra pasión por Él si seguimos permitiendo que el pecado arruine nuestra relación con Él. Nos gusta pensar que somos inmunes a alejarnos del Señor, pero nuestro corazón puede ser engañoso y endurecido. Isaías 29:13 habla de aquellos que amaban y obedecían al Señor pero terminaron honrándolo solo de palabra. Tristemente, sus corazones no estaban con Él. Incluso, todo el Antiguo Testamento es la historia de cómo los israelitas dejaban de amar a Dios y le daban la espalda.

Cuando vino Jesús, esta condición humana no había cambiado mucho porque ¡usó las mismas palabras 700 años después en Mateo 15:8-9! Y probablemente nos diría exactamente lo mismo si estuviera aquí en este mundo hoy en día. Aunque seguimos haciendo cosas externas—como ir a la iglesia y asistir a eventos cristianos, nuestro deseo por Él se desvanece si no nos mantenemos santos y eso nos causa sufrimiento.

Hay que tener cuidado, este cambio va ocurriendo lentamente. Puede *parecer* que de repente nos 'despertamos' y nos damos cuenta de que somos cristianos 'falsos'. Pero este estilo de vida se va haciendo una decisión a la vez—cuando escogemos nuestro egoísmo por encima de las cosas de Dios. Empezamos a perder nuestro interés en la iglesia, en nuestros hermanos cristianos, en la Palabra de Dios y en todo lo que tiene que ver con Jesús.

Hasta podemos llegar a caer en el grupo que rechaza a Dios si seguimos negándole Su señorío en nuestras vidas. No hay punto medio para Dios. Por eso nos dice que cuidemos nuestro corazón sobre todas las cosas (Proverbios 4:23; 7:2-3 y Filipenses 4:7). Además, solo cuando **seguimos** en los caminos del Señor es que ÉL nos protege del malvado (2Tesalonicenses 3:1-5 y 2Pedro 3:17-18)

Es esencial que regularmente hagamos un inventario de nuestra salud espiritual. Un pasaje que nos permite ver más de cerca la calidad de nuestra relación con Dios es Marcos 4:3-20. La parábola de los cuatro tipos de tierra nos enseña la fuerza de nuestra fe. Lo interesante es que podemos tener diferentes tipos de tierra en nuestra vida al mismo tiempo. Y podemos tener diferentes tipos en las diferentes etapas de nuestra vida. Puede ser que le demos a Dios una parte de nuestra vida (tierra fértil), como nuestro tiempo, dinero y talento. Pero al mismo tiempo decidimos excluirlo de nuestra vida secreta—nuestras adicciones o nuestros hábitos pecaminosos (la tierra pedregosa).

También podemos pasar por etapas en las que no nos sentimos my cerca de Dios, como si anduviéramos en el desierto. Aunque sí es natural sentir los altibajos de nuestra relación, es imprescindible que sigamos hablando con el Señor para no perder por completo nuestro afecto por Él.

¡Cuidado con tu actitud y comportamiento! Porque si sigues alejándote de Jesús, te arriesgas (Hebreos 6:4-6 y 2Pedro 2:19-22). Aunque Jesús sí intercede por nosotros con Dios Padre en *las ocasiones cuando* pecamos, no debemos vivir un *estilo de vida* egoísta (2Corintios 2:19-21) Si decimos ser cristianos pero llevamos vidas impías, somos mentirosos y el Espíritu de Dios no mora en nosotros (1Juan 2:3-6 y 3:7-10).

• ¿Qué tipo de vida llevas ahora? ¿Sientes que estás conquistando tu pecado y tu egoísmo?

• O ¿te domina tu naturaleza carnal?

• Si vives solo para ti, puedes comenzar pidiendo en oración el *deseo* de cambiar para empezar a tomar decisiones piadosas.

<u>¿Qué significa una vida de santidad?</u>

1. Cómo entregarle a Dios nuestra vida entera

Esto puede parecer imposible, pero al igual que todas las cosas en la vida, si en verdad lo deseamos, nos enfocamos en lo que queremos lograr. Lo pensamos bien, lo planeamos, dejamos a un lado lo que no es importante para lograr nuestra meta.

El tener una relación con el Señor es igual. Cuando nuestro estilo de vida fomenta una intimidad con Jesús, <u>Su</u> deseo para nuestras vidas se convierte en el plan perfecto. Repito, necesitamos seguir buscando a Dios y Su Palabra, aunque no sintamos el deseo de hacerlo.

Conforme crece nuestra relación con Él, pedirá más y más de nuestra vida. Debemos esforzarnos para mantener nuestra mente y corazón enfocados en Sus propósitos. La única manera que podemos cosechar los beneficios del plan de Dios es cuando nos movemos de todo corazón en Su dirección. Dios quiere una entrega total de nuestra vida, no un compromiso a medias (Deuteronomio 6:4-9).

2. Cómo librarnos del pasado

No podemos seguir viendo hacia atrás, añorando nuestra vida anterior. Génesis 19:17 y 26 nos demuestra un ejemplo perfecto de este comportamiento. Seguir añorando la gente o cosas de nuestro pasado pecaminoso es suicidio espiritual porque nunca tendremos una vida santa si nuestra mente y corazón están divididos en dos campamentos. Jesús dijo que cualquiera que siga deseando su vida pasada no es apto para el reino de Dios (Lucas 9:62).

La Biblia dice que no podemos vivir la vida cristiana indecisos. No podemos servir a Dios y también a nosotros mismos (Mateo 6:24). Esta escritura se refiere al 'dinero', pero la idea está en permitir que **cualquier** persona, pasión, pasatiempo o meta esté por encima de nuestro deseo por el Señor.

Y Santiago 1:6-8 habla de la persona indecisa. Cuando tenemos mentes divididas, esto nos causa dudas. Si vamos a la iglesia los domingos y miércoles, pero vemos y leemos cosas impuras los otros días de la semana, esto es un ejemplo de una mente dividida. Ser cristiano significa vivir para Dios todos los días de la semana y tenerlo en la mente con cada decisión que tomamos. El Señor dice que no debemos esperar que nuestra relación con Él dé fruto si vivimos una vida indecisa y sin un serio compromiso con Él. Si vivimos de esta manera, necesitamos humillarnos y arrepentirnos para poder recibir honor del Señor y no del mundo (Santiago 4:7-10).

Debemos reconocer que no podemos escoger entre las cosas que deseamos del Señor y las cosas que queremos retener de nuestro estilo de vida anterior. Puede ser que tengamos que dejar las cosas, lugares y la gente que nos ata al pasado. Tenemos que aceptar la cruz junto con la corona, así como el juicio al igual que la misericordia. Debemos medir el precio de servir a Jesús y estar dispuesto a abandonar todo lo que nos brindaba seguridad en el pasado (Lucas 9:23-26).

¡Esto no significa que tenemos que vender todo y abstenernos de todo placer! Pero sí debemos vivir una vida que nos mantenga alejados de toda distracción que nos desvíe del llamado que Dios nos ha dado para nuestras vidas. Si decidimos vivir un estilo de vida en obediencia, encontraremos que dedicarnos a Dios nos brinda lo que en verdad buscamos—paz, gozo, felicidad, esperanza, dirección, seguridad y amor. Esto *no* significa que no tendremos problemas—sino más bien que nos adaptaremos más fácilmente para poder soportar los altibajos en nuestras vidas.

3. Cómo crecer en santidad

Para crecer verdaderamente en una vida de santidad, necesitamos sumergirnos en la Palabra de Dios. Esto es **esencial** para nuestro crecimiento y madurez en Cristo. Efesios 5:26 dice que Jesús entregó Su vida por la iglesia (nosotros) para hacerla santa y limpia al lavarla mediante el bautismo y la Palabra de Dios. 2Timoteo 3:16-17 enumera muchas virtudes que se van desarrollando conforme leemos Su Palabra:

-Es inspirada (por Dios). Por eso es completamente confiable y sólida, lo cual nos brinda seguridad a nuestras vidas

-Es muy útil para enseñarnos la verdad

-Nos permite reconocer lo que está mal en nuestras vidas

-Nos corrige

-Nos enseña a hacer lo correcto

-Es la manera en que Dios nos va formando

-Nos capacita en todos los aspectos para poder hacer todo lo bueno que Dios desea que hagamos

Hebreos 4:12-14 dice que la Biblia es viva y capaz de cambiarnos, porque expone nuestros deseos y pensamientos más profundos. También el Espíritu de Dios nos cambia la manera de pensar por medio de la lectura de la Palabra (Romanos 12:2). Y recuerda que solo cuando *hacemos* lo que Dios nos instruye es que recibiremos las

recuerda que solo cuando *hacemos* lo que Dios nos instruye es que recibiremos las bendiciones que Él nos promete (Santiago 2:17-20).

• ¿Te atrae la idea de vivir una vida santa o te parece aburrido?

• Tal vez rechazas la santidad porque piensas que te atará y te impedirá hacer lo que tú quieras.

Entonces, ¿cómo podemos ser santos?

Hebreos 10:14 dice que por la ofrenda de la sangre de Cristo, Dios perfeccionó por siempre a los que está santificando. Esto suena como algo absurdo hasta que llegas a entender lo que significa. Cuando aceptamos a Cristo y Su pago expiatorio por nuestros pecados, inmediatamente somos purificados en espíritu—esto es lo que significa ser 'perfeccionados por siempre'. Y cuando Jesús entra a nuestros corazones, volvemos a nacer—se despierta nuestro espíritu (Romanos 6:1-11). Si morimos hoy, después de recibir la salvación, estaremos con Jesús para siempre.

Sin embargo, nuestra carne aun necesita más trabajo. Esto es el proceso de *hacernos* santos, como dice el verso que acabamos de leer. Y ocurre solo cuando cooperamos con el Padre al permitir que *nuestras* decisiones concuerden con Su verdad y Sus deseos (1Pedro 1:13-25).

Es la responsabilidad de Dios purificarnos por medio de Su Palabra (Juan 17:17) y de Su Espíritu Santo. Él también nos purifica por Su sangre (1Pedro 1:2). ¡Dios no quiere que lleguemos al cielo por un pelo! Él *quiere* darnos vida nueva (Efesios 2:10), *quiere* que tengamos el poder para hacer lo que nos pide. Él *quiere* que estemos llenos del Espíritu para que podamos vencer nuestro pecado. Su deseo es que nos apasionemos tanto por Él que le ofreceremos esperanza y amor a este mundo moribundo. Y Su plan para nosotros es que influyamos grandemente a los demás para que también ellos lleguen a conocerlo.

Aunque Dios es el que hace la verdadera obra transformadora en nuestras vidas, seguimos trabajando juntamente con Él. Conforme decidimos vivir según los caminos de Cristo, nos fortalecemos en Espíritu. Es la misma idea cuando hacemos ejercicios físicos. Entre más hacemos, más fácil se nos hace, y entramos en mejor condición. Cuando ejercitamos nuestros músculos espirituales, escogemos los caminos de Dios por encima de los nuestros y se nos hace más fácil mantenernos puros. Este es el secreto para lograr una vida santificada en Cristo—*conforme decidimos hacer lo correcto y tomamos buenas decisiones, Dios nos habilita para obedecer Su voz* (Romanos 6:12-16).

LA SANTIDAD

1Pedro 1:13-15 dice que debemos:

Ejercer el control propio

Preparar la mente

Obedecer a Dios

No volver a nuestra vieja manera de vivir

• En tu diario vivir, ¿estás escogiendo las cosas que reflejan tu relación con Cristo?

• O ¿continúas chismoseando, quejándote, propasándote, mostrando ingratitud? ¿Sigues en relaciones impías y permites el pecado sexual en tu vida?

¡Contrólate!

Nuestra vida debe estar cada vez más libre de la corrupción del pecado. 1Juan 3:1-3 dice que debemos mantenernos puros, porque hemos sido bendecidos con la esperanza de la eternidad con Cristo. Esta vida es el ensayo general para el cielo (1Juan 2:15-17). Mantenemos nuestra santidad cuando nos alejamos de las tentaciones del pecado. Debemos *limpiarnos* de toda cosa que pueda contaminar nuestro cuerpo, mente, palabra, actitud o espíritu (2Corintios 7:1). Debemos *esforzarnos* para mantenernos puros, en reverencia a Dios.

Es interesante que la santidad no es solo la falta de pecado. Somos liberados de nuestra vida anterior, no solo al *alejarnos* del pecado, sino también al ¡*acercarnos* a Cristo! Esta es una actitud en la cual enérgica y continuamente buscamos a Jesús con afán y fervor. Recuerda que somos victoriosos porque el Espíritu Santo mora en nosotros, pero son nuestras **decisiones** las que le permiten realizar Su obra perfecta. Él es un caballero y no es entremetido. Y prepárate—este nuevo camino creará un irresistible entusiasmo y deseo por Dios (Romanos 15:13).

En este proceso de hablar diariamente con Dios por medio de la oración, la alabanza y la Biblia, nos santificamos y nos consagramos. Es entonces que Él nos puede usar para Su gloria. Es por este propósito que fuimos creados y nunca estamos tan vivos como cuando vivimos en Su poder y para Sus propósitos! Hemos sido rescatados de nuestros enemigos *para que podamos servir a Dios sin temor, en santidad y justicia para siempre* (Lucas 1:74-25).

• ¿Estás dispuesto a apartar un tiempo de calidad cada día solo para hablar con Dios?

¡Dios nos adora!

Y por último, necesitamos entender *cuánto Dios nos ama y quiere que seamos santos* para poder recibir Su bendición completa. Él quiere que estemos apartados para que podamos ser una luz de esperanza en este mundo oscuro. Efesios 1:4 dice que antes que Dios formara el mundo, Él nos amó y nos eligió para que seamos santos e intachables a Sus ojos. Como resultado del trabajo del Espíritu Santo, somos purificados por la sangre de Jesús y recibimos el poder para obedecerle. Entre más nos unimos en verdadera comunión con el Señor, más seremos purificados. Recibiremos más de los favores especiales de Dios y sentiremos más de su paz maravillosa. Y lo hermoso del sacrificio de Jesús es que nos permite acercarnos al Padre, no solo en reverencia, sino íntimamente—ya que Dios es también nuestro Papi (Romanos 8:15).

Cómo experimentar el cambio

Si quieres empezar a vivir más apasionadamente para el Señor, aquí es donde empiezas. Recuerda, conforme nos asemejamos más a Jesús por medio de la obediencia a Su Palabra, el propósito de Dios para nuestra vida se convierte en nuestra meta también. Él desea que cada área de nuestra vida esté bajo el poder de Su Espíritu Santo. Permitirle que nos limpie y santifique resultará en el fruto abundante que viene de una vida de pureza. Experimentaremos el gozo, la paz, el amor, la bondad, la gentileza, la esperanza y el autocontrol. Después de todo, ¡esto es lo que el corazón humano busca en realidad! Y conforme somos transformados, podremos influir a aquellos que no son salvos, para que ellos también puedan tener vida eterna.

•¿Estás absolutamente seguro que irás al cielo?

Las cualidades en nuestra vida deben hacernos distintos. La gente debe detectar que nosotros no somos de este mundo (Juan 17:13-19). Piensa en tu vida. Como resultado de tu dedicación a Dios, ¿desea la gente conocer a Jesús, o saben tan siquiera que eres cristiano?

Mi petición por todos ustedes es que desarrollen un deseo ardiente por Jesús. Que lo busquen a **diario** por medio de la oración y Su Palabra para ¡SU PROPIO BENEFICIO! Mi deseo es que quieran reunirse con Él en cada oportunidad y que quieran agradarle con su vida entera. Recuerden que no hay forma de pagar todo lo que nuestro Salvador hizo por nosotros y todo lo que nos ha dado, más que con entregarle nuestra vida entera. Entregarle nuestro pecado, culpa, temores, sueños y metas incluye tomar decisiones que le brindan honor a la justicia y la santidad por encima de nuestro pecado y deseos carnales. Con solo esto influiremos a otros para que se acerquen a Él y así le daremos gloria a nuestro Padre maravilloso.

RELEXIÓN

1. ¿Recuerdas la parábola de las cuatro tierras? Piensa sobre cuál de estas tierras tienes en las siguientes áreas:

a. <u>Dios.</u> Digamos que Dios te pide que hagas algo que en realidad no quieres hacer--¿cómo respondes?

b. <u>El trabajo o la escuela</u>. ¿Te conocen como el quejicoso, el fiestero o el chismoso, o acaso le agrada a la gente acercarse a ti por tu gozo, integridad y espíritu de cooperación?

c. <u>Relaciones</u>. ¿Te conocen por la misericordia que le demuestras a los demás, especialmente cuando son débiles o lentos de entendimiento? Y ¿cómo tratas a los que limpian casas, a los asistentes de oficina o a la gente que no está en posiciones altas? ¿Te conocen por el perdón que muestras en tu matrimonio, con los miembros de tu familia, los miembros de tu iglesia y tus compañeros de trabajo?

d. <u>Nosotros mismos</u>. ¿Somos lo suficientemente valientes como para permitirle a Dios que saque lo sucio de nuestra mente, corazón y alma? Esta es la única forma de cambiar y sanar para que Dios nos santifique. Dios quiere todos tus secretos— tu actitud de egoísmo, orgullo y autosuficiencia; tus adicciones e ídolos; tus temores y esperanzas; tus deseos y limitaciones. Escribe tus respuestas a las siguientes preguntas.

2. ¿Podremos ser santificados por nuestro propio poder?

3. ¿Cuáles son algunas maneras en que cambiamos cuando aceptamos a Cristo?

4. ¿Cuáles son los frutos de la santidad?

5. ¿Qué estás dispuesto a hacer hoy para asemejarte más a Jesús?

NOTAS

_____
_____
_____
_____
_____
_____
_____
_____
_____
_____
_____
_____
_____
_____
_____
_____
_____
_____
_____
_____
_____
_____
_____
_____
_____
_____
_____
_____
_____
_____

CAPÍTULO 11

LA HUMILDAD

Humildad.

Umm. Eso querrá decir debilidad. Dejar que te pisoteen. Pelele. Ser avergonzado enfrente de todos. Menospreciarme a mí mismo...

Y ¿Por qué voy a querer ser humilde?

En realidad, mucha gente no sabe lo que significa la humildad. Y ciertamente es difícil encontrar esta cualidad en nuestra cultura de hoy en día. Somos una nación obsesionada con los que están en la cima—los mejores, los más bellos, los de mejor forma, los más inteligentes, los más fuertes y poderosos. La misma palabra 'humildad' hace pensar a la gente que si son humildes, no lograrán nada en la vida. 'Humillarse' para ellos significa agachar la cabeza en derrota. Y cuando pensamos en los humildes, pensamos en los pobres, marginados y desdichados de este mundo.

<u>La humildad es</u>...
La humildad es la imagen de alguien que recibe su fuerza, paz y dirección del Señor. Es alguien que conoce sus fortalezas y limitaciones y, sin embargo, le permite a Dios ser el jefe de su vida. Y es alguien que se siente confiado y seguro en su posición, no anda en busca de prestigio, ni necesita imponer su autoridad en cada situación.

La definición bíblica de la humildad es muy diferente a las cualidades que nuestra sociedad egoísta le impone. Lejos de ser débil, la humildad significa 'fuerza bajo control'. El diccionario describe la humildad como 'modestia' o 'recato'. Pero la verdad es que es un *estilo de vida* que pone a otros primero. Y requiere de gran fortaleza y autocontrol porque la gente que es humilde ante el

Señor, actúa constantemente de una manera contraria a su naturaleza pecaminosa. Ellos deciden amar cuando son odiados. Ellos deciden compartir su tiempo, talento y dinero en vez de guardarse todo para sí mismos. Y ellos tienen el poder de Dios y la valentía de hacer el bien hacia los demás, aun cuando se enfrentan al mal. No es de extrañar que sea difícil encontrar aquellos que demuestran la humildad genuina.

Ser humilde también es la habilidad de reconocer que Dios es el Maestro que controla el universo y no nosotros. Tú puedes decir, "¡Por supuesto que es Él!" Pero nuestras acciones dicen más que nuestras palabras. Por ejemplo, ¿Cuántas veces hemos pensado:"Yo soy el único que puede hacer bien mi trabajo, o soy el único que puede criar a mis hijos bien"? La lista de cosas en las que pensamos ser indispensables puede ser muy larga. La cuestión es que muchas veces creemos ser muy importantes, como si en verdad controláramos las circunstancias. Requiere de mayor carácter admitir que necesitamos la ayuda de Dios para vencer nuestro egoísmo y demostrar el amor genuino. La humildad es la determinación deliberada de entregarle a Él nuestra voluntad, mente y corazón en lugar de vivir usando nuestras propias fuerzas (Deuteronomio 10:12-21).

A los seres humanos, por lo regular, no les gusta que los traten de una forma negativa ni que les falten el respeto. Respondemos de una forma más positiva si nos tratan con bondad y respeto. Por ejemplo, ¿no te agrada cuando alguien te deja pasar primero cuando estás esperando en alguna fila, o en tráfico? ¿No te da gusto cuando alguien ofrece ayudarte sin que tú se lo pidas? Esta actitud crea un espíritu de hermandad en vez de competencia. Pensar en los demás *antes* de pensar en ti mismo es la esencia de la humildad.

• ¿Puedes pensar en algunas formas en las que demuestras tu humildad?

• ¿Hay cosas que puedes empezar a hacer para ser más humilde?

<u>La humildad no es</u>...

La humildad **no** es permitir que la gente te pisotee. **No** es humillación y no es servirle a los demás hasta el punto de ignorar tus propias necesidades. Lo opuesto de la humildad es la arrogancia—también se le llama orgullo. La arrogancia dice, 'Yo puedo y lo haré'. Incluso, esta actitud es la misma que hizo que Satanás fuera expulsado del cielo (Isaías 14:12-14). Mucha gente vive su vida por pura determinación, sin tomar en cuenta a Dios. Ellos dicen, 'Va a ser a mi manera o nada'. Ellos se definen por sus logros y se esfuerzan por pasar la vida consiguiendo lo que quieran—sea como sea.

Aunque no tiene nada de malo que tengas éxito y te sientas bien por tus logros, los que se acreditan solos sin pedirle o agradecerle a Dios por Su ayuda, tienden a formar una actitud falsa de superioridad. Además, depender solamente en nosotros mismos y en nuestras circunstancias nos lleva a un sentido falso de seguridad porque la gente y las circunstancias cambian a diario. Nada en el mundo permanece igual, solamente Dios (Hebreos 1:10-12). Por eso mismo, Él es el único que merece nuestra confianza y devoción absoluta. La verdad es que nos falta la sabiduría genuina cuando lo ignoramos y nos volvemos insensatos (Salmos 14:1 y Romanos 3:10-18).

Además, cuando nos oponemos ante Dios, nos perdemos lo que Él tiene planeado para nuestras vidas. Si insistimos en vivir solamente según nuestras reglas y deseos, nos perdemos las bendiciones que Él tiene para nosotros. También fallaremos en pasar por tiempos esenciales de prueba y de poda que Él tiene diseñado para nosotros. Buscarlo y confiar en Él nos lleva a una vida que es mucho más satisfactoria que la que te puedas imaginar (Proverbios 3:5-8).

• ¿Confías más en ti mismo o en Dios?

<u>¡Lo que te pierdes</u>!

Tal vez tú dices que tu vida está bien y que ciertamente no necesitas ser humilde ante Dios. Puede ser que tengas un matrimonio feliz, un hogar, trabajo y niños. Sin embargo, cuando la gente sigue su propio 'rumbo' sin Dios, se encuentran insatisfechos con sus logros, habilidades y adquisiciones. Muchas veces se llegan a preguntar: '¿Será esto todo lo que hay en la vida? ¿Cuál es mi propósito? ¿Hacia dónde voy? Y ¿Por qué estoy aquí?' Tú sabes el tipo de preguntas. La gente piensa que ya tienen todo lo que necesitan sin Jesús, pero no se dan cuenta de que se <u>pierden</u> mucho en la vida.

Cuando somos nuevos en la fe en Cristo, podríamos resistir el darle el control a Él. Pero esta relación se va edificando con el tiempo y si seguimos comprometidos, Él nos seguirá comprobando Su confiabilidad a través de nuestras tribulaciones. Cuando le vamos entregando poco a poco una pequeña parte de nuestro ser, comenzamos a ver lo que Él puede hacer en nosotros y por nosotros. Llegaremos a entender que Él es confiable y que siempre quiere lo mejor para nosotros. Pronto nos daremos cuenta de que Él nos ama tan intensamente que nunca nos lastimaría o abandonaría. Él es el mejor Esposo (Isaías 54:4-5), Amigo (Juan 15:15) y Padre (Romanos 8:15).

Y si hemos estado en relaciones en las que nos han tratado mal o han abusado de nosotros, puede ser que nos resistamos aún más a entregarle nuestra voluntad, emociones y almas a Jesús. Tal vez nos costó mucho trabajo recobrar el control de nuestras vidas al pasar este tipo de sufrimiento. Si este es el caso, probablemente lo que menos deseamos es entregarle este poder a alguien más, inclusive a Dios mismo.

Pero nunca seremos completos si no vivimos en comunión con Dios. Él nos diseñó así. Entonces, si buscas sacarle más a la vida, entonces el Señor te tiene a **ti** en Su mente.

El significado de la vida se cumple cuando estamos en relación con nuestro Creador. Él nos entiende íntimamente y nos ama apasionadamente. Él tiene un plan maestro para nuestra vida que incluye gozo, paz, esperanza y propósito y tan solo espera que lo invites a entrar en tu vida.

- ¿Piensas tú que tu vida está centrada en Cristo?

- O ¿vives tu vida a tu manera y solo lo invitas cuando se te antoja?

- Será más fácil contestar esta pregunta si consideras lo siguiente:

  ¿Cuánto tiempo pasas pensando en Él?

  ¿Cuánto tiempo pasas leyendo la Biblia?

  ¿Cuánto tiempo pasas orando?

  Y ¿en qué gastas tu tiempo, talento y dinero?

Pero me siento defraudado

Tal vez te **entregaste** a Dios y luego te pasó algo malo. Tu primer reacción podría ser: "Dios mío, pensé que estarías conmigo". En realidad, Él SÍ está a tu lado. Pero solo porque nos sometemos a Él no significa que nos va a quitar las situaciones difíciles de la vida. Incluso, Él usa estas mismas circunstancias para acercarnos a Él. La realidad es que estaríamos pasando por las mismas pruebas aunque no tuviéramos una relación con Él. Solamente cuando sigues confiando en Él durante esas pruebas, encontrarás la paz y la fortaleza que claramente no provienen de ti (Filipenses 4:6-7).

Y no te olvides que al final, toda persona que jamás haya vivido, SE humillará y doblará la rodilla ante Dios—sea por amor o por temor (Romanos 14:11). Es nuestra decisión – y solo hay dos opciones. Cuando nos humillamos ante Él, podemos vivir una vida que no solo le agrada, pero compartiremos el privilegio de influir a los demás para que también puedan recibir la bondad que Dios nos brinda tan ampliamente para el creyente sumiso.

• ¿Crees tú que Dios está realmente presente en medio de tus dificultades? ¿Cómo lo puedes saber?

¿Qué significa vivir humildemente?

Muchos piensan que el arrepentimiento es el primer paso para llegar a Cristo. Pero en realidad, es la humildad porque nos damos cuenta de que necesitamos un Salvador antes de invitarlo a nuestros corazones y dejar el pecado. Al humillarnos, estamos aceptando que no podemos manejar nuestras vidas de la mejor manera posible. Entregarle las riendas a Dios puede parecer arriesgado, pero nunca seremos más sabios que cuando nos humillamos ante el Rey de la creación (Proverbios 9:10 y 11:2).

Jesús mismo dijo en Mateo 18:1-4 que debemos volvernos como niños para poder entrar a Su reino. Él usó a los niños como ejemplo porque ellos no tienen ningún problema en aceptar que dependen de los adultos. De la misma manera, entregarnos a Jesús en fe requiere que tengamos una actitud de dependencia como la de los niños si es que vamos a vivir según la manera que Dios desea para nosotros. Sin la humildad vamos a estar batallando con Dios por mantener la posición de poder. Y esto seguramente nos hará muy infelices en nuestro caminar cristiano.

¿Acaso esto significa que debemos tirarnos de rodillas ante Dios y suplicarle por cada necesidad? ¿Debemos temblar de miedo ante Él? La respuesta a estas preguntas es un rotundo ¡no! Dios sabe todo lo que necesitamos antes que lo pidamos (Mateo 6:25-34). La verdad es que Él se deleita en conceder nuestras peticiones cuando decidimos tener una relación amorosa con Él; y ¡quiere que nos sintamos seguros porque confiamos en Él! (Salmos 37:3-5). Él fue a la cruz por el gran amor que tiene por nosotros y para que sepamos que para Él tenemos un valor inestimable.

Pero la seguridad sana y la estabilidad verdadera solo son posibles cuando entendemos realmente que *Jesús* es el ancla de nuestras almas y *Él* es nuestro Buen Pastor (Hebreos 6:19 y Juan 10:11). Cuando creemos en Su gran poder nos damos cuenta de que *Él* es la razón por la cual estamos seguros. No es por nuestros logros humanos que tenemos seguridad.

Recuerda que todo lo que hacemos en este mundo perdura o se quema. Todo nuestro dinero, trabajos, juguetes, ropa, casa y autos no significarán nada en el día del juicio. Si nuestro trabajo solo es para glorificarnos a nosotros mismos y para nuestro propio placer, estaremos ante Dios del universo con las manos vacías. Tal vez esto no te parezca muy importante por el momento, pero no querrás estar ante la entrada a la eternidad y darte cuenta de que irás al infierno porque fuiste muy orgulloso como para someterte a Cristo. La verdad es que <u>solo</u> las cosas que hacemos en el nombre de Dios, con Su poder y para Sus propósitos nos darán los beneficios, honor y la vida eterna (Job).

• ¿Tu confianza está basada en tus propios logros o en lo que Dios está haciendo en tu vida?

¡O no! ¡No me hables de la sumisión!

Humillarnos también incluye la sumisión, la cual es otra palabra que la gente no entiende. Aunque el significado de esta es 'entregarse o ceder', la sumisión bíblica no tiene nada que ver con ser un pelele. Incluso, ¡podemos ver en los evangelios que Jesús no tenía ningún problema con decirle a la gente sus pecados (Mateo 7:5; Mateo 23:13; Lucas 6:42 y Lucas 13:16)! Humillarnos y tomar la decisión de ser sumisos requiere dominio propio. Es una decisión que tomamos voluntariamente y requiere un verdadero esfuerzo; la tomamos con nuestro corazón, mente y alma.

Nos debemos <u>vestir</u> de misericordia, humildad, bondad, gentileza y paciencia (Efesios 4:1-6 y Colosenses 3:12-15). Este tipo de sumisión implica un acto deliberado, no la idea de actuar por obligación o vergüenza. Cuando *escogemos* actuar como Jesús, le demostramos a los demás las cualidades que se hacen presentes solamente cuando realmente estamos centrados en Cristo. Y el Espíritu Santo promete ayudarnos a obedecer la Palabra de Dios, después que tomamos la decisión de hacerlo.

Cuando nos sometemos al Señor, *le damos permiso* de tomar el control de nuestra vida y ciertamente no es una decisión leve que se toma en un momento y sin pensarlo. La sumisión a Dios requiere una cuidadosa consideración y reflexión.

• ¿Qué áreas de tu vida no has sometido a Dios?

Cómo abandonar nuestro pecado

La humildad también incluye darle la espalda a la tentación y tomar decisiones piadosas. De hecho, Dios promete bendiciones solamente SI le obedecemos (2Crónicas 7:14-16).

Si mi pueblo, que lleva mi nombre,

Se HUMILLA

Y ora

Busca mi rostro

Y se aparta de su conducta perversa,

YO

Oiré desde el cielo

Perdonaré sus pecados

Y restauraré su tierra (la 'tierra' incluye nuestra vida personal al igual que nuestro país).

Recuerda que nuestros caminos *no son* como los del Señor (Isaías 55:8-9). Él es todopoderoso (omnipotente), todo lo sabe (omnisciente) y siempre está con nosotros (omnipresente). Sin embargo, no importa lo astuto o confiado que *creamos* ser sin Él, ¡nos engañamos a nosotros mismos si no andamos en Sus caminos!

<u>Ese viejo monstruo</u>

Ya aprendimos que lo opuesto de la humildad es la arrogancia. Y la Biblia tiene mucho que decir acerca de esto. Probablemente todos hemos oído que "el orgullo va delante de la destrucción y la arrogancia antes de la caída" (Proverbios 16:18). Yo creo que la palabra 'caída' se usa aquí porque los orgullosos tienen la tendencia a elevarse mucho y la única dirección que les queda es ¡una caída en picada! Es interesante que una de las raíces de la palabra humildad es 'base', lo que implica que la persona humilde es alguien que tiene los pies plantados firmemente sobre la tierra.

El orgullo, tarde o temprano, nos lleva a un estado de humillación, pero la humildad nos trae honra (Proverbios 29:23). Podemos estar leyendo esto y pensar: "Bueno, y ¿qué tal de los bellos y los ricos que se divierten tanto? Ellos no llevan una vida de humildad, pero lo tienen todo y parecen ser muy felices". Pero en realidad, si nos fijamos bien, hay muchas vidas en ruinas como resultado de todas esas 'diversiones'. Por eso les repito que el orgullo nos lleva a la ruina, pero si nos sometemos a Dios, Él nos brinda honor (Proverbios 18:12).

Podría ser contrario a nuestra manera de pensar, pero la Palabra de Dios establece claramente que una actitud de servicio nos brinda mucha más satisfacción que el orgullo y el egoísmo. También le agrada a Dios que nos dediquemos a los demás. No te engañes, la arrogancia humana será humillada (Isaías 2:11) y los humildes *heredarán* toda la tierra (Mateo 5:5). Muchos de los 'mas' importantes serán los 'menos' importantes en el día del juicio (Mateo 19:28-30). Sin embargo, Dios promete que si *escogemos* ser humildes, Él nos exaltará (Lucas 14:7-11).

Algunas de las verdades de Dios son difíciles de aceptar. Pero Jesús dice que los que no han contribuido al reino de Dios serán sorprendidos cuando Él regrese (Mateo 25:31-46). Si nos llamamos cristianos pero somos egoístas y no nos prestamos para Sus propósitos, también recibiremos muy poco (Mateo 25:14-28). Lo único de importancia mientras estamos vivos en este mundo es lo que creemos acerca de Jesús y lo que hacemos por Él (Mateo 16:24-28).

Con respecto al orgullo, es interesante ver que está en la lista de pecados junto con el asesinato, la avaricia, la crueldad y aquellos que odian a Dios (Romanos 1:28-32 y 2Timoteo 3:1-5). El Señor dice que *odia* el orgullo y la arrogancia (Proverbios 8:13). Por lo tanto, cuando orgullosamente rechazamos Su autoridad, estamos viviendo en el campamento del enemigo (Mateo 12:30 y Santiago 4:4-10). La verdad es que seremos humillados de cualquier forma, ya sea por nuestra propia decisión o por nuestras circunstancias (Mateo 23:11-12).

La mayoría de nosotros no usaríamos la palabra 'orgulloso' para describirnos a nosotros mismos. Sin embargo, si no te has sometido al Señor Jesucristo, entonces lo que estás diciendo es que tú sabes cómo manejar tu vida mejor que Dios. ¡Y eso es la forma más pura del orgullo!

• ¿Cuánto tiempo y/o dinero gastas en ayudar a personas que no son familiares? Esto te ayudará a determinar si en realidad eres un servidor humilde.

Nuestro ejemplo perfecto

La vida de Jesús fue un ejemplo perfecto de la humildad. Él pudo haber llamado a miles de ángeles para que lo ayudaran (Mateo 26:53) pero Él escogió renunciar a mucho de Su poder divino para poder humillarse por nosotros. Filipenses 2:5-11 es el versículo que ilustra este punto de la forma más bella:

"Tengan la misma actitud que tuvo Cristo Jesús.
Aunque era Dios, no consideró que el ser igual a Dios fuera algo a lo cual aferrarse. En cambio, renunció a sus privilegios divinos; adoptó la humilde posición de un esclavo y nació como un ser humano. Cuando apareció en forma de hombre, se humilló a sí mismo en obediencia a Dios y murió en una cruz como morían los criminales. Por lo tanto, Dios lo elevó al lugar de máximo honor y le dio el nombre que está por encima de todos los demás nombres para que, ante el nombre de Jesús, se doble toda rodilla en el cielo y en la tierra y debajo de la tierra, y toda lengua declare que Jesucristo es el Señor para la gloria de Dios Padre".

Como podemos ver, ¡Dios mismo decidió humillarse! Él se rebajó a *propósito.* Sabía que lo iban a escupir, maltratar y que lo malentenderían. Permitió todo esto para que pudiéramos obtener los beneficios de Su sacrificio. Pero observemos que la recompensa por Su servicio fiel es la gloria y el poder eterno. Y lo maravilloso de eso es que esa también es nuestra recompensa (Efesios 3:6 y Apocalipsis 21:7). Él demostró inmenso 'poder bajo control' y es el ejemplo que debemos seguir.

Jesús fue el mejor siervo, el 'siervo humilde' (Mateo 20:26-28). No se sorprendan—entregar nuestras vidas para ayudar a los demás se sentirá como algo contrario a nuestra voluntad. Pero demostramos gran fuerza de carácter cuando hacemos a un lado nuestro egoísmo para servirles a los demás. Repito, los que se enaltecen *serán* humillados, pero los que *se humillaren*, serán enaltecidos (1Pedro 5:5-6). Solamente cuando nos arrodillamos ante el Señor y admitimos nuestra dependencia, Él nos levanta y nos brinda honor.

Dios prometió bendiciones a los humildes

¿Cuáles son nuestras promesas de Dios cuando nos humillamos y nos sometemos a Él?

Hay tantos beneficios cuando nos humillamos y obedecemos a Dios que no caben en este estudio. Sin embargo, si leemos el Salmo 34 veremos una bella imagen de las bendiciones que serán nuestras si decidimos mantener una relación con el Señor. Él nos protege, nos escucha, nos enseña, y nos guarda. Y lo más maravilloso es que ¡Dios quiere tener está relación aún más que nosotros! Y esto lo sabemos porque Él murió por nosotros, aún siendo pecadores (Romanos 5:8).

Otro beneficio de someternos a la autoridad de Dios es que Su Espíritu Santo nos da el poder para resistir a Satanás. En la actualidad, la Biblia dice que el diablo huye de nosotros cuando nos oponemos a sus ataques (Efesios 6:12-17 y Santiago 4:4-10). Además, cuando nos acercamos a Dios, Él se acerca a nosotros. Él siempre espera que corramos hacia Él, pero no nos obliga—tenemos que desearlo a Él y desear que Él dirija nuestro corazón y nuestra mente. Y conforme

Su Espíritu nos llama, nosotros tenemos la decisión de seguirlo o darle la espalda. Dios promete vivir en la vida de aquellos que sean humildes (Isaías 57:15). ¡La idea de que Él vive en mí me hace sentir de maravilla! ¡Soy alguien muy especial y he sido elegida (Efesios 1:3-14)! Además, a los humildes también se les da la habilidad espiritual de poder ver a Dios obrando en Sus vidas y las vidas de los demás (Salmo 69:32). Y no tendremos que depender de nuestra propia valentía. Él nos dará la fuerza para poder soportar las cargas de la vida y las penas de una forma más positiva (Salmos 18:25-36).

Dios nos promete protección

Para tener mucho éxito (en términos de seguir la voluntad de Dios) es necesario reconocer que tenemos muchas debilidades e imperfecciones. Todos nos volvemos egoístas y caprichosos en cierto momento. Sin embargo, cuando Dios está en control de nuestras vidas, el Espíritu Santo puede intervenir en nuestras vidas para corregir nuestros pasos (Salmos 25:8-10; 32:8-9 y Proverbios 3:5-6).

Otro gran beneficio de someternos ante Dios es que Él promete consolarnos, sanarnos y protegernos en todas nuestras dificultades. Él dice que no nos dará más de lo que podamos soportar, entonces, no importa lo que estemos pasando, podemos estar seguros de que Dios ha decidido que sí *somos capaces* de soportarlo (1Corintios 10:12-13). Dios es eterno y sabe todo lo que ocurre a toda hora. Cuando ponemos nuestra confianza y nuestras vidas bajo Sus alas, Él nos protege de las tormentas que nos afligen (Salmos 91). No solo eso, pero también muchas veces nos salva del peligro y nosotros sin saberlo—eso si *estamos bajo SU protección* (Proverbios 30:1-6).

Aquellos que viven sin Cristo solo pueden confiar en sí mismos y en otros seres humanos. Esto puede ser alarmante cuando estamos desesperados. Con solo dar un vistazo al mundo vemos la depresión, la ira, falta de esperanza y falta de respeto, que son las consecuencias de hacer las cosas a nuestra manera. Por lo contrario, el cristiano que lleva una relación íntima con el Creador del universo, no solo tiene a Alguien que está **dispuesto** a ayudar, sino que es absolutamente **capaz** de hacerlo. Dios *quiere* que seamos más como Él. El dejar nuestra manera vieja de pensar y actuar y humildemente confiar en el Señor producirá un fruto valioso y hermoso.

• ¿Puedes pensar en alguna ocasión en que fuiste humilde y obediente y Dios te bendijo por ello?

El fuego refinador de Dios

A la mayoría de nosotros no nos gusta pasar por tiempos difíciles. Pero cuando somos humillados por la mano poderosa de Dios, Él usa las circunstancias difíciles en nuestras vidas que son *diseñadas* para refinarnos. Hace esto porque nos ama y quiere que seamos Su pueblo (Zacarías 13:9).

Dios en realidad *usa* nuestro sufrimiento para 'quemar' las impurezas de nuestras vidas, así como un orfebre usa el fuego para purificar el oro. Cuando el fuego incrementa, la suciedad y las impurezas suben a la superficie del metal liquido, a esto se le llama la 'escoria'; esto se saca y lo que queda es solo el metal puro. La 'escoria' en nuestras vidas es nuestra tendencia a ser egoístas, chismorrear, a perder el tiempo, a deleitarnos en el pecado sexual o mental, la avaricia, a ser orgullosos con los demás y muchas otras actitudes y comportamientos impíos. Este proceso de refinación pone a prueba nuestro carácter, porque después del sufrimiento, no queda nada más que el producto puro de *quienes somos.*

El Señor también permite estos sufrimientos para fortalecer nuestra dependencia de Él. Y Su gloria se percibe en medio de nuestras tribulaciones porque Él provee para nosotros y se mueve en nuestras vidas de una manera sobrenatural (Salmos 86:1-13). Como nuestro Creador, Él ciertamente conoce cómo funcionamos mejor y lo que necesitamos para alcanzar nuestro mayor potencial. Él sabe que estos tiempos preciosos de prueba nos brindarán el máximo gozo, paz y propósito.

• ¿Le permites a Dios moldearte y darte forma cuando vienen los tiempos de prueba?

• ¿Haces berrinches y te haces la victima?

• O ¿ignoras Su autoridad al insistir en hacer las cosas a tu manera?

Ya es hora

Si no has puesto tu confianza en Jesús, ahora es cuando. Mucha gente piensa que pueden hacer lo que quieran toda su vida y luego al último minuto pueden aceptar a Cristo para poder entrar al cielo. Pero esta es una mentira del diablo. Nadie conoce la hora en que será llamado a la eternidad. Es posible que no tengas esa oportunidad.

Si tú *has puesto* tu fe en Cristo, es un buen momento para medir tu nivel de humildad. ¿Estás verdaderamente entregándole tus caminos egoístas? ¿Eres un ejemplo radiante y reluciente de Jesús para este mundo perdido? O ¿Estás viviendo solamente una vida 'a medias' para Él? Lo cierto es que es esencial que tú mismo te humilles ahora. El tiempo está corto y no se requiere ser un genio para ver que este mundo va girando fuera de control. Hoy es el día de cosechar almas para Cristo. Y recuerda, *solamente* cuando escogemos someternos a la mano de Dios podremos soportar los ataques del enemigo (1Pedro 5:6-9). Vivir la vida conforme a las condiciones de Dios trae bendiciones innumerables.

Hoy es el día de humillarte y arrepentirte de tus pecados.

REFLEXIÓN

1. ¿Qué es la humildad?

2. ¿Debemos humillarnos ante Dios?

3. ¿Cuáles son unas de las promesas que Dios tiene para nosotros si nos humillamos? Busca: Santiago 4:7; 1Pedro 5:6 y 2Crónicas 7:14

4. ¿Desaparecerán nuestros problemas si nos humillamos ante Dios? ¿Por qué no?

5. ¿Cuál es el verdadero éxito en este mundo? ¿Por qué?

6. ¿Qué dijo Jesús acerca de cómo lograr la 'grandeza' en el reino de Dios?

NOTAS

CAPÍTULO 12

LA OBEDIENCIA

Deuteronomio, Capítulo 6

La palabra 'obediencia' ¿te provoca pensamientos negativos? Tal vez tuviste padres que eran demasiado estrictos, o maestros que te criticaban. O tal vez te hace pensar en un Dios prepotente que tan solo quiere evitar que te diviertas. Todos tenemos diferentes ideas cuando se trata de este concepto mal entendido de la obediencia.

Somos muy particulares en la forma en que decidimos obedecer. La mayoría de nosotros no tenemos problemas al obedecer los semáforos o al seguir instrucciones para usar nuestros aparatos eléctricos. Pero si le dices a alguien que su estilo de vida revela su desobediencia a Dios, verás que mucha gente se defiende con un gruñido.

La obediencia significa...

La palabra hebrea 'shama' significa 'oír con inteligencia' (¡Me encanta eso!). También significa 'escuchar', 'consentir', 'declarar' y 'ser diligente'. La palabra griega 'hupakouo' significa 'oír' (como un subordinado), 'escuchar atentamente', 'obedecer a la autoridad' y 'ser obediente'.

Pero antes de poder obedecer tenemos que aprender a 'escuchar'. Oír es una función fisiológica en la cual el sonido entra por la oreja y se transmite. Pero 'escuchar' es algo mental, emocional y espiritual. Hay una gran cantidad de personas hoy en día que no tienen idea *cómo* escuchar. Muchas personas están tan ocupadas hablando que se les hace difícil recibir cualquier tipo de información. Y todos hemos tratado con personas que nos 'oyen' pero no *entienden* realmente lo que estamos diciendo. La gente no puede ni siquiera

permanecer quieta para poder escuchar lo que Dios les dice. El examen de consciencia y la meditación en un lugar aislado y a solas no es muy común. La verdadera tragedia es que podamos estar tan ensimismados que no nos damos cuenta de los demás que necesitan nuestra ayuda y atención.

La obediencia a Dios, a la autoridad y aun a nuestros padres parece ser una cosa del pasado. En vez de esto, nos hemos convertido en una cultura egoísta. Hubo un tiempo en el cual las personas valían más que el dinero. Respetábamos a los ancianos y estábamos orgullosos de nuestra nación. Nuestros padres no temían disciplinarnos, lo cual nos enseñaba a controlarnos a nosotros mismos.

Pero nuestro país era fenomenal porque fue edificado sobre principios bíblicos. Incluso, casi todos nuestros antepasados que escribieron la Constitución y las leyes de nuestro gobierno eran cristianos piadosos. Pero eso ¡no lo enseñan en las escuelas hoy en día! Al rechazar los caminos de Dios nuestro país se ha ido desintegrando ante nuestros propios ojos.

• ¿Crees tú que sabes escuchar? ¿Cómo lo sabes?

¿Qué estaban pensando?

La Biblia es nuestro libro de instrucciones para la vida. Pero muy pocos estudian su gran sabiduría. Y muchas veces la mayor parte de la Palabra, el Antiguo Testamento, es ignorada porque la ven como una lista de reglas y reglamentos. La gente que nunca ha leído la Biblia piensa que se trata de una colección de poemas antiguos, palabras y nombres imposibles de pronunciar y un Dios que ¡siempre está enojado con Su pueblo!

Pero al tomar la Biblia en su totalidad, vemos que los primeros 2 tercios de la Biblia cubren la historia de Israel, el pueblo que Dios mismo formó y amó. Describe la relación entre un pueblo que por un tiempo se dedicaba apasionadamente a Dios y deliberadamente lo rechazaba el resto del tiempo. Aunque Dios los amaba enormemente, Él permitía que sufrieran consecuencias trágicas por su pecado porque trataba de hacer que reaccionaran y que regresaran a Sus caminos. Él quería que tuvieran una vida radiante llena de una paz verdadera. Él sabía que la *obediencia* a Sus mandamientos era el camino que debían tomar para que esto ocurriera.

Dios no ha cambiado. Pero hoy tenemos el lujo de Jesucristo, quien pagó la pena por nuestra desobediencia a Dios. Él aún ama a la humanidad intensamente y quiere mantener una relación con Su creación más que nunca (1Pedro 1:2). Él demostró Su gran amor por nosotros al permitir que Jesús sufriera una muerte dolorosa – una muerte que en realidad era más apropiada para nosotros (Romanos 5:8). Como comunidad de seguidores de Cristo, no somos distintos a los Israelitas – a veces vacilamos entre amar y complacer al Señor, y en seguir nuestro propio camino de egoísmo y rebeldía.

• ¿Estás gozando los beneficios de tu estilo de vida, o sufriendo las consecuencias?

¡Yo no sabía eso!

Muchas veces vemos el concepto de la 'obediencia' como una pesadez. Especialmente cuando se nos pide hacer algo que en realidad no queremos hacer. Nos quejamos, "¡La gente siempre quiere controlarme!" Nos resistimos a cambiar y con frecuencia nos negamos a doblegarnos a la voluntad de los demás, a menos que haya un beneficio para nosotros.

Pero, ¿sabías tú que la obediencia bíblica es una forma de adoración? Dios se complace plenamente cuando hacemos a un lado nuestros planes y en vez de eso, buscamos Su dirección para nuestras vidas (Isaías 55:3-7 y Romanos 8:1-14). Él quiere desesperadamente que sigamos Sus caminos porque Él sabe que resultará en una vida contenta y satisfecha. Nos permite tener límites sanos en nuestra vida. Y cuando actuamos con obediencia amorosa hacia el Señor, eso nos permite la libertad de sentir el gozo auténtico.

Dios requiere, y merece, nuestra obediencia total. Pero antes que decidamos hacerlo con una actitud de arrogancia o molestia, necesitamos reconocer que nuestra 'obediencia' no significa nada para Dios si no estamos motivados por amor. ¡Así es! El solo 'seguir las reglas' *no* es lo que Dios tenía en mente cuando diseñó el plan para nuestra vida. De hecho, Él <u>detesta</u> nuestra rectitud fingida, ritos sin sentido y nuestra religión superficial (Isaías 1:10-20; Mateo 9:13: Mateo 12:7; y Marcos 7:6-8).

A veces el permitirle cambiar nuestros deseos es lo más difícil para nosotros porque conlleva el morir a nuestra carne. Muchas veces es más fácil seguir 'ritos' para intentar complacer a Dios que entregarle completamente nuestro corazón,

voluntad, emociones, temores y esperanzas. Pero lo que Él realmente quiere es que nuestro propio *ser* cambie y el resultado de eso es la obediencia que nace de *nuestro enorme amor por Él.*

Repito, es muy importante entender que Dios no se interesa solamente por nuestro 'comportamiento' externo. No son las mentiras, las borracheras, la infidelidad, las palabrotas y la inmoralidad sexual que Él quiere eliminar. Es obvio que Él no quiere que hagamos esas cosas porque arruinan nuestro cuerpo, mente y espíritu. Sin embargo, Él se enfoca más en *nuestros motivos* porque nuestras <u>acciones</u> provienen de lo que tenemos en el corazón.   Y esto es lo que Dios realmente quiere cambiar (1Samuel 16:7). Al transformar nuestra actitud, nuestros pensamientos y sentimientos comenzarán a alinearse con los de Él. Y es entonces cuando nuestro comportamiento cambiará.

• ¿Cómo reaccionas cuando Dios te pide que hagas algo en contra de tu voluntad? Esto podría ser que des de tu tiempo para ayudar a otros, compartir tu dinero con los que no tienen o dejar una mala costumbre.

<u>Él nos amó desde antes que creara al mundo</u>

Dios habla de su deseo de tener una relación amorosa con la humanidad desde el principio de la creación (Génesis 1:26-27). Por cierto, cuando dijo, 'Hagamos' al ser humano a nuestra imagen y semejanza se refería a la Trinidad: Dios Padre, Dios Hijo y Dios Espíritu Santo quienes hablaban juntos. Esto se comprueba con la palabra hebrea 'Elohim' que se usa aquí. Esta palabra es la forma del plural de la palabra 'Dios'. Esto no quiere decir que hay *tres* Dioses porque a Dios se le llama Dios a través de todas las escrituras. Solo hay Un Dios, pero hay tres seres distintos y separados. Esto nos resulta difícil de entender porque Dios es TAN grande y sobrenatural que ¡no siempre podemos comprender Sus caminos! Solamente debemos confiar en que Su Palabra no miente (Hebreos 8:18).

Así como en el principio, Dios desea esa comunión con nosotros hoy en día. Pero podemos arruinar esta relación si endurecemos nuestro corazón. Así como los Israelitas podemos asistir a la iglesia y hablar correctamente como 'cristianos' y hasta dar de nuestro tiempo y dinero. Pero por dentro puede ser que nos falte ese deseo de adorar a Dios con un amor verdadero (Juan 12:37-40 y Hebreos 3:5-19). ¡El Señor nos conoce muy bien!

El libro de Deuteronomio es hermoso. Aquí demuestra Su amor e interés por Su pueblo. Él les enseñó que lo que más deseaba era la obediencia de un corazón devoto más que cualquier otra ofrenda. Y eso mismo nos pide hoy en día. Cuando nuestro corazón está dedicado por completo al Señor, queremos entregarle todo lo que tenemos. Entonces nuestra obediencia no es una obligación - ¡es un deleite! No importa lo que digamos porque naturalmente hacemos lo que **queremos**. Por lo tanto, un deseo sincero por el Señor nos permite obedecerle con más facilidad. Y ¡también es más divertido! Se puede demostrar de esta manera:

Un deseo sincero por el Señor = una relación íntima con Él al ser llenos del Espíritu Santo = un caminar cristiano más equilibrado, más tranquilo, más potente y ciertamente más gozoso. Lo contrario sería:

Un deseo sincero por la carne y nuestro propio camino = una relación distante con Dios y falta del poder del Espíritu Santo = dificultades y cansancio de la vida cristiana = con el tiempo un abandono de todas las cosas piadosas.

• ¿Cómo describirías tu relación con el Señor?

• ¿Dirías que eres obediente casi siempre, a veces, o casi nunca?

¡**No** lo haré!

La 'sumisión' es una palabra que va de la mano con la obediencia. Debemos entregarnos a una autoridad más alta, pero muchas veces no entendemos el concepto de la sumisión. La actitud sobresaliente en las últimas décadas ha sido de 'Yo primero' – 'si te hace sentir bien, hazlo' y 'mientras no le haga daño a nadie, puedo hacer lo que me dé la gana' Pero tristemente hemos distorsionado la bella imagen del amor autentico que es la 'entrega'.

Hoy en día nos ponemos a la defensiva cuando oímos la palabra 'someter', especialmente en nuestra cultura. El movimiento de la liberación femenina redefinió la posición de la mujer piadosa en el hogar, la iglesia y en los negocios. Y la 'crisis de la mediana edad', por la cual pasan muchos hombres, los ha desviado de las responsabilidades que Dios les encomendó. Todo esto ha contribuido a un estilo de vida independiente y egoísta. Es fácil ver porque mucha gente se niega a entregarle a otro el control de su vida. Nos damos cuenta que los divorcios se multiplican porque las parejas se niegan a someterse el uno al otro (Efesios 5:21-33).

La traducción literal de la palabra 'sumisión' significa 'sometimiento a la voluntad de otra persona'. Pero la sumisión bíblica es una acción deliberada. No niego que hay personas que trágicamente explotan esta idea divina de la sumisión al abusar de su poder. Estas personas se enseñorean de otros y los intimidan mental, emocional y espiritualmente. Pero no te preocupes – Dios tratará con ellos severamente.

Jesús nos dio un ejemplo estupendo del propósito original de la sumisión. Cuando subió a la cruz por nosotros (Juan 10:6-18 y Filipenses 2:6-8). Este es el ejemplo que debemos seguir si queremos someternos a Él. Claro que no seremos crucificados pero sí nos pide que le 'entreguemos nuestra vida' (Lucas 9:23-27). Esto significa que si decimos ser cristianos y que lo amamos, entonces tenemos que constantemente tomar decisiones en nuestra vida que le den la prioridad a Él. También nos pide que nos entreguemos al servicio de los demás (Mateo 20:24-28 y Gálatas 5:13-21). Esto significa dar una gran parte de nuestro tiempo, talento y recursos para los propósitos de Su reino. Así es como realmente agradarás al Señor.

• ¿Cómo reaccionas cuando oyes que debes someterte?

¿Refleja tu **vida** el **amor**?

La sumisión también es una forma de adorar a Dios. Al entregarle nuestras vidas, planes y posesiones le demostramos que entendemos que él en verdad es el Dueño del universo. Todos pueden DECIR que aman a Dios y que siguen Sus caminos, pero la verdadera sumisión *se demuestra con nuestras acciones* (Mateo 12:33-35 y Santiago 2:14-24). Lo que decimos y lo que hacemos es el resultado directo de lo que guardamos en nuestro corazón (Mateo 15:16-19). Pero como nuestros corazones son tan engañosos por naturaleza (Jeremías 17:9), necesitamos que Su palabra y Su Espíritu nos limpie para poder vivir una vida de obediencia, una vida que le agrade a Él (Romanos 2:29b). Es una obra del 'fuero interno' – no es algo que podamos hacer por nuestra propia cuenta.

Hemos leído Efesios 5:21-23 lo cual describe la importancia de la sumisión mutua en el matrimonio. Pero el pacto del matrimonio también se usa para ilustrar la relación entre Dios y sus seguidores. El esposo debe amar a su esposa **como** Cristo ama a la iglesia y la mujer debe respetar a su esposo. Los dos deben someterse el uno al otro. Si los dos esposos deciden amar a Dios primero y después el uno al otro en el poder del Espíritu Santo, entonces el resultado será la harmonía y la unidad.

Es lo mismo cuando decidimos someternos a Dios. Esta decisión nos trae muchas bendiciones porque nos ponemos bajo Su autoridad y protección. Él nos creó y, por lo tanto, es el más capacitado para ayudarnos a trazar el curso de nuestra vida. Él sabe lo que nos traerá el mayor gozo y lo que nos dará el mayor fruto para la eternidad. Sus mandamientos nos libran del mal y nos dan el verdadero propósito para nuestras vidas.

Someternos a Dios es algo propio y sano y es la mejor forma de responderle al que nos ama apasionada e incondicionalmente. Cuando vivimos en obediencia al Señor, recibimos lo que hemos estado buscando – paz, gozo, amor, esperanza y propósito. Solamente ÉL puede transformarnos para que produzcamos fruto para la eternidad y estemos totalmente satisfechos.

• ¿Puedes recordar alguna ocasión en la que permitiste que Dios transformara tu mente o tu corazón?

• ¿Tu actitud aún refleja este cambio o has regresado a tus viejas costumbres?

La vid y sus ramas

El capítulo 15 del evangelio de Juan tiene mucho que decir acerca de cómo 'permanecer en la vid'. Solamente cuando estamos conectados a la 'fuente del poder' podemos funcionar de la manera en la que fuimos diseñados. Así como una batería agotada no sirve para nada, si no somos 'cargados' por el Espíritu Santo, no podemos servir a Dios.

En este versículo, Jesús es la vid y nosotros, como cristianos, somos las ramas. Si nos apartamos de esta conexión que nos da vida, no podremos dar ese fruto espiritual eterno (Mateo 7:17-20). Este es el componente esencial para vivir una vida cristiana sana, vital y fructífera. Recibimos vitalidad y sustento espiritual cuando deseamos al Dios viviente y nos sometemos a Su autoridad.

También es crucial que tengamos una relación estrecha y correcta con Dios y el Espíritu Santo (Juan 16:5-15). La Biblia dice que las cosas espirituales se disciernen por el Espíritu que está en nosotros (Juan 14:15-17). Esto significa que somos incapaces de entender las profundas verdades de la Palabra de Dios sin la presencia activa del Espíritu Santo. Tampoco podemos distinguir entre el bien y el mal y no podemos producir fruto eterno sin Su influencia. Es por esto que los que no han nacido del Espíritu piensan que el evangelio es ridículo (1Corintios 2:13-16).

Aunque el Espíritu de Dios mora en nosotros desde el momento que somos salvos (Juan 4:14), las decisiones que tomamos para acercarnos al Señor o alejarnos de Él determinan cómo se mueve el Espíritu por dentro y qué tan bien le escuchamos cuando nos llama. Podemos echar a perder la obra del Espíritu Santo en nuestro interior si seguimos viviendo en el pecado patente (1Tesalonisenses 5:16-22). Los cristianos que no están llenos del Espíritu les hace falta la vitalidad y la santidad que son claves para ganar almas para Cristo (Romanos 8:9-11). Necesitamos despojarnos de lo viejo y permitir que entren las cosas santas de Dios. De esta manera entre más imitemos a Jesús, su Espíritu se sentirá más a gusto en nuestra vida.

• ¿Qué tan 'conectado' te sientes con Dios?

¿Te das cuenta cuando el Espíritu Santo te habla? ¿Cómo lo sabes?

Pero soy una buena persona...

Tú puedes decir: "Soy buena persona, contribuyo a las organizaciones caritativas, doy de mi tiempo para servir a los pobres, pago mis impuestos y trato de no dañar a nadie". Aunque puede ser que seas buena gente, la Biblia nos dice que *todos* somos pecadores y egoístas (Romanos 3:10-12) y las escrituras no dicen en ninguna parte que la gente 'buena' se irá al cielo. Está muy claro que **nadie** recibirá vida eterna sin aceptar y vivir para Cristo Jesús (Juan 14:6).

Dios es el único amor perfecto (1Juan 4:14-17). Una gran parte de Su carácter se encuentra en 1Corintios 13. Lee este capítulo y compáralo contigo mismo. Muy pronto nos damos cuenta de que ninguno de nosotros alcanza la norma absoluta de este tipo de amor divino. ¡Es un nivel muy alto! Y por eso necesitamos un Salvador – porque todos estamos en las mismas cuando nos comparamos con el amor de Dios.

¿Estás **seguro** de que irás al cielo?

Así como Jesús entregó Su vida y siguió el plan que Dios tenía para Él aquí en la tierra, nosotros también podemos tomar la decisión de obedecer a Dios o de vivir según nuestra propia voluntad. Fíjate que Jesús *llama* a la puerta del corazón, no irrumpe como una brigada para exigir nuestra lealtad. Nosotros *decidimos* si abrimos la puerta para dejarlo entrar (Apocalipsis 3:20). Y Jesús estableció claramente que es nuestra decisión permitir que Él *continúe* reinando en nuestra vida (Mateo 13:1-23 y Apocalipsis 3:8-13). Si lo rechazamos corremos un gran peligro (2Corintios 5:10).

No te dejes engañar, la puerta al cielo *es* estrecha (mateo 7:13-14). Muchos creen que irán al cielo, pero quedarán consternados cuando llegue el día del juicio porque no llevaron a cabo la voluntad del Señor y decidieron llevar su propio estilo de vida (Mateo 7:21-23 y Mateo 24:36-51).

Aunque sí es verdad que la sangre derramada de Jesús nos confiere gracia para nuestros pecados, el vivir solamente para nuestro propio placer y llamarnos por el precioso nombre de Jesús es una irreverencia. No solo entristecemos grandemente a Dios (Efesios 4:30) sino también sufriremos las consecuencias en proporción directa a lo que hemos hecho o no hemos hecho por Él (Mateo 25:14-46).

Debemos realizar que solo tenemos dos opciones en esta vida. Podemos aceptar a Jesús ahora y vivir en Su gloria eternamente o rechazarlo y sufrir en el infierno por toda la eternidad (Mateo 13:37-43 y Mateo 22:1-14). Y contrario a muchas ideas populares, no tendremos la oportunidad de cambiar nuestra decisión después de morir (Lucas 12:8-9 y Lucas 13:24-30). Las personas que se niegan a reconocer a Cristo y seguirlo, intentan ignorar esta verdad, pero negar la salvación de Cristo nos *lleva* al castigo eterno (1Corintios 1:18 y Gálatas 6:7-10).

• ¿Estás absolutamente seguro de que irás al cielo?

• ¿Estás dispuesto a permitirle al Espíritu que tenga más y más control de tu vida o estás siempre resistiendo Su dirección?

Bendiciones pueden convertirse en maldiciones

Si alabas al Señor con toda tu alma, mente y corazón, Dios naturalmente derramará Su Espíritu y Sus bendiciones sobre tu vida. Él se deleita cuando recibimos de lo suyo y puede ser un tiempo de gran gozo y satisfacción. Pero también nos advierte que tengamos mucho cuidado durante este tiempo, especialmente si anteriormente nuestra vida espiritual, mental, física o emocional estaba vacía. Si no hemos desarrollado los dones del Espíritu Santo de autocontrol y discernimiento, podemos estropear las bendiciones nuevas y no usarlas como Dios tenía planeado.

Además, nosotros como seres humanos tenemos la tendencia a crear ídolos cuando estamos satisfechos con nuestras vidas (Deuteronomio 4:9 y 4:23-24). A veces nos reímos de los que hacían imágenes de madera o estatuas de piedra y luego se arrodillaban ante estos. Pero nosotros sí adoramos ídolos – cosas como el dinero, la opinión de los demás, el pecado sexual, el poder, el prestigio, los deportes, la belleza y las ganancias materiales innecesarias. Pero Dios se opone completamente a esta actitud de idolatría (Éxodo 20: 1-6 y 1Juan 2:15-17). Entonces, recuerda que un ídolo puede ser **cualquier** cosa que *nos distrae del tiempo y el afecto que debemos darle al Señor.*

Hemos aprendido que cuando adoramos y servimos, esto debe ser con amor y devoción de corazón porque de otra forma viene siendo solamente **religión** ☹. Todos hemos visto personas que viven una vida de deber religioso. Se convierten en personas criticonas y desamoradas. Muchas veces dicen hacer cosas 'en el nombre del Señor' pero en realidad, Dios no les ordenó hacerlo. Y, lo peor de todo, alejan a la gente de Jesús y ellos mismos se buscan la condena.

Para que no nos convirtamos en personas egoístas, duros de corazón y muy religiosos por fuera, debemos esforzarnos por pensar en Jesús durante todo el día. A Él le encanta que hablemos de Él con otras personas. La Biblia nos dice que le recordemos a nuestros hijos quién es Dios y de todas las cosas maravillosas que ha hecho por nosotros (Deuteronomio 11:13-23). Nunca debemos olvidar Quien nos redimió de la esclavitud, o sea del pecado (Deuteronomio 6:11-13). Debemos alabar continuamente y apasionadamente Su gran nombre y agradecerle por Su poder glorioso. Esto también nos ayuda a no vivir quejándonos y preocupándonos por todo.

El libro de Deuteronomio 8:10-11 repite este concepto importante: Ten cuidado de que en tu abundancia no te olvides de la Mano que te confirió todas sus bendiciones. Nos podemos volver orgullosos de lo que hemos adquirido y de nuestro crecimiento espiritual. Lo que era para nuestro bien fácilmente se convierte en una maldición si dejamos de reconocer la bondad de Dios en nuestras vidas. Y es importante que *nos mantengamos* puros y santos para que Dios pueda usarnos para Sus propósitos (1Pedro 1:13-19). Es nuestra responsabilidad dejar el pasado y avanzar hacia nuestro futuro en Cristo (Filipenses 3:12-14).

•¿Dirías tú que adoras a Dios en varios aspectos de tu vida? Enuméralos.

• O ¿pasas quejándote todo el tiempo, preocupándote por todo y criticando a los demás?

¿Cuáles son los beneficios de la obediencia?

Cuando obedecemos al Señor de todo corazón, Él promete suplir toda necesidad (Deuteronomio 30:1-10). También, el Señor *¡se deleita en nosotros!* Cuando leo eso, pienso en cómo me ve, con ojos llenos de amor absoluto. Lo veo riéndose y disfrutando de mi compañía. Me lo imagino lleno de orgullo por Su hija. Con eso me basta como para querer complacerlo con todo lo que soy y todo lo que tengo. La Biblia también nos dice que al vivir en obediencia a Dios:

mostramos nuestra inteligencia (Deuteronomio 4:6)

encontramos la verdadera prosperidad (Deuteronomio 4:40)

y vivimos una vida justa.

También prosperamos si nos sometemos a Sus caminos. Pero antes que pienses, "O, ¿puedo tener más dinero?", recuerda que las bendiciones de Dios son mucho mejores que las cosas pasajeras que deseamos tener. Pueden ser bendiciones en forma de una relación restaurada, una buena reputación, o un cambio de actitud. Es en ese entonces que lo que verdaderamente anhelamos será nuestro – el amor, el gozo, la paz y la esperanza. También tenemos la promesa de una buena relación estrecha con Dios; y el mejor beneficio es conocerlo a Él. Si nos llenamos del Señor, tendremos acceso a Su poder, Su amor, Su consuelo y Su dirección.

Claro que esto no significa que no volveremos a sufrir después de haber tomado la decisión de amarlo y obedecerle. Muchas veces la gente dice: "Me convertí en cristiano pero aún tengo muchos problemas". La verdad es que tendremos problemas ya sea que sigamos a Cristo o no. Y si en verdad lo seguimos en obediencia, ¡podríamos hasta pasar por una nueva serie de pruebas en nuestra vida! El Señor habló varias veces de la probabilidad de que Sus seguidores serían perseguidos en este mundo (Mateo 5:10-12 y 5:44; Juan 15:18-25 y 16:33). Pero si somos pacientes en soportar la poda que Dios permite para nuestro beneficio, entonces cosecharemos la fuerza, el carácter y la esperanza que no tendríamos si no fuera por esas pruebas (Romanos 5:1-5)

La verdad es que Jesús no promete una vida llena de 'felicidad' pero sí promete que tendremos gozo si lo amamos y lo seguimos con todas nuestras fuerzas (Juan 15:10-11). Además, la felicidad es pasajera – hoy la tienes y mañana se te va. Pero el verdadero gozo que nos da el Espíritu Santo se encuentra en lo profundo del alma y ese permanece firme (Romanos 15:13 y 1Pedro 1:8-9).

Otra gran verdad es que somos *santificados* cuando le obedecemos a Dios (Deuteronomio 7:6 y 1Pedro 1:22). Cuando confiamos en Su sabiduría, nuestra vida adquiere un nuevo vigor y producimos una cosecha de paz y justicia (Santiago 3:17-18). El capítulo entero de Deuteronomio 30 nos habla del beneficio de regresar al Señor. Y cuando Él es nuestra vida, ¡lo tenemos todo! Pero si vivimos sin Él, entonces tenemos el espíritu muerto y carecemos de una gran parte de la persona que realmente somos.

Oh, oh

Ahora que ya hemos visto algunos beneficios de la obediencia, veamos lo que pasa cuando decidimos no obedecer.

En el capítulo 28 de Deuteronomio hay una lista de 14 bendiciones que resultan de la obediencia, y ¡68 maldiciones por la desobediencia! Ya que las consecuencias por *no* obedecer son más del doble, es importante averiguar qué es realmente la desobediencia. Vemos que es:

1. rechazar el amor de Dios

2. rebelión contra Su autoridad

3. ignorar Sus mandamientos de vivir correctamente

4. deliberadamente quebrantar nuestra relación con Él

5. y no vivir de acuerdo a la fe que has confesado en Él

La desobediencia también incluye el endurecimiento de tu corazón (por rechazar los caminos de Dios), una actitud de ingratitud por las cosas que Dios ha hecho por ti y un espíritu indiferente hacia los demás, especialmente los que forman parte de la familia.

Esta condición del corazón demuestra cierto nivel de muerte espiritual.

¿Estás muerto?

El libro de Apocalipsis 3:1 habla de tener "fama de estar vivo" pero en realidad estar muerto espiritualmente. Si esto es cierto en nuestra vida, le podemos estar dando al mundo y a nuestra iglesia la 'impresión de salud' por fuera, pero sin tener la dirección del Espíritu. Demasiados cristianos viven en este estado de 'muerte'. Hasta podrían abandonar la fe por esta razón – piensan que el cristianismo no les 'cumplió' realmente. Si continúan en este camino, con el tiempo ya no les importará que se hayan pervertido espiritualmente.

La realidad es que no fuimos hechos para vivir separados del Espíritu de Dios. Él es el que inicialmente nos dio la vida (Génesis 2:7). Y por Él es que volvemos a nacer en el Espíritu. Él es el único que nos guía y nos habilita para vivir una vida justa.

Si nos preocupamos más por ser religiosos o por tratar de impresionar a los demás en vez de agradar a Dios, entonces estamos controlando nuestra vida 'externa' pero por dentro estamos podridos. Pasaremos por alto a Dios aunque por dentro nos engañemos al pensar que le estamos adorando. Jesús habló de esto cuando reprendió a los fariseos, el grupo de líderes religiosos de ese tiempo. Por fuera eran muy devotos, pero por dentro estaban llenos de orgullo y egoísmo y avaricia. Jesús dijo que eran como sepulcros blanqueados. Por fuera lucen hermosos pero por dentro están MUERTOS (Mateo 23: 23-28).

• ¿Cuánta 'pasión' crees tener por Jesús? Por ejemplo, ¿cuándo fue la última vez que hablaste de Él con alguien? ¿Has llevado a alguien a la salvación de Cristo?

¿Cómo puedo permanecer vivo espiritualmente?

Jesús nos recuerda que regresemos a las cosas que hacíamos cuando recién nos enamoramos de Él (Apocalipsis 2:1-5). Comienza por la cruz. ¿Qué hizo Jesús por ti allí? Recuerdas lo feliz que te sentías cuando lo encontraste y te diste cuenta que te había salvado? ¿Recuerdas lo agradecido que estabas por la sangre que Él sacrificó por ti; porque tus pecados estaban perdonados y estabas limpio y libre? ¿Recuerdas cuanta energía tenías para leer Su Palabra, para evangelizar y orar? Cuando revivimos el tiempo en que nos enamoramos de Él por primera vez, nos damos cuenta de todo lo que ha hecho por nosotros. Cuando comenzamos a alabarlo, nuestro corazón se ablanda y despierta un nuevo sentido de gratitud por las obras del Señor.

Si te encuentras en este lugar oscuro, debes tomar una *decisión* inmediata de buscar a Jesús de nuevo. Empieza a darle gracias por cada cosita en tu vida. Cuando los pensamientos de preocupación y de frustración comienzan a llenar tu cabeza, enfócate en Jesús y piensa en todas las formas en que Él mejora cada uno de tus días. ¡Que sea **Él** tu pensamiento 'predeterminado'!

En el libro de Deuteronomio 8:19-20 dice que ¡seremos destruidos si nos negamos a vivir de la manera que Dios quiere! Si decidimos seguir en rebelión, somos nosotros los que vamos a perder. Recuerda que vivir parte de tu vida para Dios y la otra parte para otro 'dios' no solo es desobediencia sino también idolatría. Él quiere nuestra lealtad *total.* ¡Él te adora! Y desea tu amistad íntima.

La Biblia nos advierte que no somos inmunes a las maldiciones de la desobediencia. Repito que pensar que estamos a salvo, a pesar de que seguimos en nuestro camino obstinado, nos lleva a la muerte espiritual (Deuteronomio 29:19-21). Y aunque sí, Él ES amor y demostró Su gracia increíble en la cruz, parte de Su carácter también es justicia. Por esta razón Él no puede negar Su santidad. Él debe exigir la paga por la desobediencia. Si no aceptamos el precio que Jesús ya pagó, entonces nosotros tenemos que pagar. Pero nuestra forma de pago no es más que trapos sucios y **nunca** llegará a ser suficiente para pagar nuestra deuda.

• ¿Estás dispuesto a cambiar y a salir de tu elemento para que tu vida *refleje* a Jesús?

Pero estoy tan agotado...

Tal vez en este momento estés pasando por un valle o por el desierto. Lo que menos deseas hacer es obedecer a Dios. Habrán ocasiones en nuestro caminar cuando no tendremos la energía ni la pasión por Dios. Hasta podríamos sentir que Él nos ha abandonado. O, puede que estemos tan agotados que no tenemos ni la energía para responder a lo que Dios nos está pidiendo. Pero este es *precisamente* el momento de regresar a los conceptos básicos de nuestra relación con el Señor. Solamente Él puede darnos la fuerza, la energía y el enfoque para poder vivir ¡una vida victoriosa!

El problema es que muchas veces intentamos vivir para Jesús con nuestra propia fuerza. Y aquí es cuando nos cansamos de hacer las cosas como Dios manda. Intentamos adelantarnos a Su plan, pensamos que Su plan va muy lento. Intentamos tomar el control y forzosamente nos abrimos camino en situaciones en las que debíamos esperar para probar y desarrollar nuestro carácter.

Tal vez piensas, "Yo hago tantas cosas para Dios, pero aún siento un vacío". Pero si esto es cierto, debemos examinar nuestros motivos una vez más. *¿Por qué* estamos trabajando 'tanto' para Dios? La verdad es que si nos cansamos de servirle, entonces no estamos viviendo en Su poder (2Corintios 4:7 y 13:3-4). Pero no te preocupes – nunca podremos obedecer en todo. Esta es precisamente la razón por la cuál Cristo vino a tomar nuestro lugar. Merecemos la ira de Dios, pero Él sabía que no tendríamos la fuerza para vencer nuestras tendencias naturales. Pero la muerte y la resurrección de Jesús nos *dieron* el poder que necesitamos para servirle a Él y a los demás, y ¡para vencer el pecado!

¡Agradécele! Continúa dándole gracias por tu salud, tu hogar, tus hijos, tu trabajo; por proveer comida, ropa y refugio. Agradécele por las relaciones que tienes. Cuando hacemos esto, quitamos la mirada de los problemas y nos enfocamos en todo lo que REALMENTE tenemos. Acuérdate de Su sacrificio cada día y sigue pidiéndole al Espíritu Santo que infunda SU vida en la tuya.

• ¿Sientes que el Espíritu Santo le está dando vigor a tu vida?

• ¿O sientes que solo la vas pasando y que le prestarás atención a Dios cuando finalmente tengas un tiempito libre?

<u>¿Cómo puedo aprender a obedecer</u>?

Para empezar, Dios nos instruye a seguir Sus caminos cuando le damos reverencia, lo alabamos y le agradecemos (Efesios 5:15-20). Debemos estar pendientes de nuestra tendencia hacia el orgullo. Nunca debemos olvidar lo que Él ha hecho por nosotros (Deuteronomio 8:6, 14 y 15). Debemos deshacernos de nuestra vida anterior (Deuteronomio 12:1-9) y debemos aferrarnos al Señor (Deuteronomio 13:3-4).

Si meditamos constantemente en Su Palabra y Su carácter, *podremos* vivir triunfantes. Debemos vivir cada día en la Verdad que Él nos ha dejado en las Escrituras. Y si inclinamos nuestro oído a Su voz y escuchamos lo que Su Espíritu Santo nos revela frecuentemente, ¡seremos motivados por Dios mismo!

Es algo sencillo, ¡pero no siempre es fácil! Entregarle tu vida a Dios en sumisión será menos trabajoso si en tu estilo de vida eliges permanecer en Su presencia.

<u>La voluntad de Dios para nuestras vidas</u>

Mucha gente se pregunta, ¿cuál será la voluntad de Dios para mi vida? Aquí vemos la respuesta en las siguientes escrituras. Él quiere que nosotros:

Le temamos (esto significa reverencia, respeto y asombro, no miedo)

Vivamos conforme a Su Palabra

Lo imitemos

Lo amemos

Lo adoremos con todo el corazón y el alma

Obedezcamos Sus mandamientos (Deuteronomio 10:12-21)

Hagamos lo correcto

Amemos la compasión

Y caminemos humildemente con Él (Miqueas 6:8)

Muchas veces tratamos de ganar puntos con Dios por lo que *hacemos*. ¡No sigas más! Pídele que te llene de *Su* poder. Él es quien cambia tu corazón, tu mente y tu actitud para que nuestro comportamiento refleje a Jesús. Filipenses 2:13 dice que Dios trabaja en nosotros, *dándonos el deseo de obedecerle y el poder para hacer lo que a Él le agrada.* ¡Él se encarga de eso! Nuestro deber es acercarnos a Él día a día.

Hemos leído que la mejor manera de complacer al Señor es de amarlo con todo nuestro corazón, alma y fuerza (Deuteronomio 6:4-6). Pero podemos aumentar este amor aún más al hablarle frecuentemente en oración y al leer Su Palabra seguido. Nuestra piedad aumenta cuando pasamos tiempo a solas en reflexión, examinando nuestra consciencia y compartiendo buenos momentos con otros cristianos que demuestran el fruto del Espíritu de Dios (Gálatas 5:22-23). Como en cualquier otra relación, el tiempo que invertimos influye directamente el nivel de intimidad que alcanzamos. Somos transformados literalmente, conforme pasamos tiempo con el Señor (Romanos 12:2) y la obediencia se convierte en el **fruto** de nuestros esfuerzos (Colosenses 1:9-10).

¿Estás frustrado tratando de complacer a Dios? ¿Sientes que te estás secando en el desierto espiritual? Entonces adora a Jesús apasionadamente invirtiendo tu tiempo, energía, emociones, talentos y pensamientos en tu relación con el Señor y Su reino. Jesús ES el agua viva para nuestras almas. ¡Recibirás muchas bendiciones fabulosas con solo adorarlo! Cuando enfocamos nuestra mente en lo que es puro y bello, olvidamos lo que nos preocupa y nos volvemos más como Jesús (Filipenses 4:4-8). Dios está allí, esperando para ayudarte en tu vida.

'La obediencia es la llave del corazón del Padre'

REFLEXIÓN

1. ¿Qué es la obediencia?

2. ¿Tienes miedo de entregarle tu vida al Señor para poder obedecerle?

3. ¿Cuáles son los beneficios de obedecerle?

4. ¿Cuáles son algunas consecuencias negativas que pudiéramos tener si le desobedecemos?

5. ¿Qué podemos hacer si sentimos un vacío o una sequía en nuestro caminar espiritual?

6. Escribe dos cosas que podamos hacer para que sea más fácil obedecer.

7. ¿Por qué desea Dios que le obedezcamos?

8. ¿Por qué motivo le sirves y obedeces a Dios? (Sé completamente sincero. Si estás frustrado con tu vida en Cristo, esto te ayudará a determinar el porqué)

Algunas respuestas podrían ser: "Porque me quiero ver bien"; "Quiero ganarme Su favor"; "Quiero sentir que formo parte de la familia de la iglesia"; o "Quiero ganar más puntos para que Él me quiera más".

NOTAS

_____
_____
_____
_____
_____
_____
_____
_____
_____
_____
_____
_____
_____
_____
_____
_____
_____
_____
_____
_____
_____
_____
_____
_____
_____
_____
_____
_____
_____

CAPÍTULO 13

LA AUTOESTIMA

La 'autoestima' se ha oído mucho en las últimas décadas. Es un concepto que es un poco difícil de definir. Pero sabemos que hay algunos tan ensimismados en su 'baja autoestima' que los debilita su sentido de ineptitud. Otros creen que solo las mujeres neuróticas se obsesionan con eso. Y aún hay otros que piensan que el tratar de mejorar la autoestima es una tontería.

La verdad es que, tanto los hombres como las mujeres, sufren de baja autoestima en todos los estratos sociales. Aunque seamos ricos o pobres, atractivos o feos, viejos o jóvenes, ilustrados o ignorantes, todos, en un momento dado, hemos sufrido de complejo de inferioridad.

Hay miles de libros que nos dicen cómo mejorar la autoestima y la consejería es un negocio multimillonario. Pero la gente ¡no parece estar mejorando! De hecho, hay más gente en esta sociedad que padece de adicciones, trastornos o tendencias suicidas, más que en cualquier otro tiempo de la historia – y muchas veces es por falta de una autoestima sana.

¿Qué es la autoestima?

La palabra 'estima' significa valorar, apreciar, dar importancia y querer. Por eso la 'autoestima' es vernos en una luz positiva. Dios nos creó para que nos sintiéramos confiados, seguros de nosotros mismos, pero para que esto se llevara a cabo de la manera más sana posible, nos diseñó para tener una relación mutua con Él.

Para sobreponernos a estos sentimientos de ineptitud, tenemos que dejar nuestra vieja forma de pensar. Es esencial combatir las mentiras que creemos de nosotros mismos. Esto se hace conforme aprendemos la verdad acerca de quienes somos realmente.

<u>¿Por qué tengo una autoimagen tan negativa</u>?

Una de las razones por la cual la gente sufre de baja autoestima trata con el método que usan para medir sus pensamientos, actitudes y conducta. Vivimos en una sociedad en la cual somos bombardeados por la televisión, la radio y los carteles que nos prometen felicidad, belleza y larga vida si tan solo compramos lo que están vendiendo. Los psicólogos y sociólogos nos han lavado el cerebro para creer que solo 'los fuertes sobreviven' y mucha gente gasta grandes cantidades de tiempo, energía y dinero tratando de mantener una imagen falsa de que tienen sus vidas 'en orden'.

Encima de estas exigencias de perfección, se espera que las mujeres trabajen mientras cuidan del hogar, se mantengan hermosas, tengan satisfecho al esposo y tengan hijos maravillosos. A los hombres se les espera que trabajen, que cumplan con su papel de padre cariñoso y que sean el esposo ideal para que sus esposas no se alejen. Hemos llegado al punto en que pensamos que si no estamos rindiendo y no cumplimos con todas las exigencias que nos hacen, entonces somos un fracaso total. Y por si fuera poco, a menudo nos preocupamos de que podríamos perder lo que tenemos.

Pero el plan de Dios no era que 'hiciéramos todo eso' en todo momento de cada día. Si seguimos tratando de mantener este nivel de vida pretenciosa, terminaremos sintiéndonos más insignificantes que nunca. Nadie puede mantener estos logros inalcanzables

Dios está esperando que le pidamos ayuda para que no llevemos estas cargas a solas (1Pedro 5:7). Juzgarnos a nosotros mismos según las expectativas de los demás, a la larga, solo nos trae frustración y decepción porque la gente y las modas cambian a diario. Por eso, si pasamos la vida compitiendo desesperadamente, fallaremos en algún aspecto de nuestra vida espiritual, mental, emocional o física.

• ¿Cuáles son algunas de las formas en que te comparas con los demás?

• ¿Acaso te sientes mejor cuando terminas de compararte?

<u>¿Qué opinión tiene Dios de mí?</u>

La Biblia nos dice que Dios nos formó con Sus propias manos. Y fuimos hechos individualmente (Salmo 139:13-16). Esto significa que Él iba creando cada célula en el vientre de tu madre y decidió formarte exactamente como Él quiso. Por eso tenemos un valor innumerable para Él. Dios nos valora tanto que nos salvó de la esclavitud del pecado a un precio muy caro y valioso – la vida de Su Hijo Jesús. Esta es la demostración más alta de Su amor absoluto por nosotros (1Pedro 1:16-19).

   Cuando nos detestamos a nosotros mismos, nos despreciamos o sentimos que no valemos nada, ¡estamos criticando y haciendo de menos a la creación más importante y hermosa de Dios! Cuando pensamos que no somos lo suficientemente buenos para algo o para alguien, estamos creyendo la mentira más grande de todas. Génesis 1:31 dice que fuimos creados excelentes en todo aspecto – y ¡Dios se complace en cómo nos hizo! Jesús nos adora y *este amor* es el fundamento sobre el cual apoyamos nuestra confianza.

• ¿Cuáles son algunas de las cosas que te dices a diario?

-   Tal vez sea: "Yo lo puedo hacer," o "nunca lo voy a lograr" o "No les voy a hacer caso – yo lo tengo todo planeado".

• Empieza a poner atención a lo que te dices y te sorprenderás de lo que oyes.

<u>Yo quisiera</u>...

Los seres humanos tienen la tendencia a compararse con los demás. El problema con hacer esto es que terminamos sintiéndonos orgullosos o inferiores. Cuando el orgullo es la raíz, buscamos la manera de vernos mejor al menospreciar a otros. Cuando nos enaltecemos, encontramos fallas en los demás. Sin embargo, la Biblia dice que Dios detesta el orgullo (Proverbios 8:13), por eso queda claro que esta no es una actitud saludable. Irónicamente, aunque tengas una autoimagen negativa, es posible que el orgullo sea la causa. Esto ocurre porque el ensimismamiento *es* la base del orgullo – es el *creer que eres* el centro del universo en lugar de Quien realmente lo es – Dios.

   Y si el complejo de inferioridad nos tiene atrapados nos damos cuenta de que siempre nos estamos comparando con los demás. Nos lamentamos que nunca tendremos esa 'apariencia atractiva', 'ese talento', 'esas cosas materiales' o 'ese dinero' y sentimos que no estamos a la altura de los demás.

Pero como hemos sido hechos a imagen de la Divinidad trina (Génesis 1:26) y como Jesucristo derramó Su sangre por nosotros (Apocalipsis 1:5), **debemos decidir** creer esa gran verdad – que somos extremadamente especiales e importantes para Él.

En esencia, ni el orgullo ni la inferioridad son cualidades piadosas. Y si insistimos en evaluarnos de acuerdo a las opiniones del mundo en vez de la opinión de Dios, encontraremos el centro de nuestra baja autoestima.

• ¿En qué forma desearías ser diferente?

• ¿De qué manera te comparas con otros? (Deseas tener su dinero, apariencia, fama, talento, cosas materiales, familia etc.).

• ¿Crees tú que tu dinero, apariencia, talento, hijos, posesiones o tu trabajo son los que te hacen digno?

¿Cuál es el problema?

Otro problema que encontramos cuando nos comparamos con los demás es que caemos en la autocompasión o tratamos de ser *mejor* que ellos. ¡Esto es una tontería! Lo que se nos olvida es que ¡son tan solo *personas!* Los seres humanos somos básicamente iguales – todos necesitamos amor, comida, ropa, refugio y amistad. Todos tenemos temores, esperanzas y preferencias. De hecho, tú tienes ciertos dones que la persona con la que te comparas no tiene. Y ciertamente, ¡**nadie** es perfecto!

También nos perdemos la oportunidad de disfrutar la compañía de otros porque nos pasamos el tiempo criticando sus vidas. Cuando les tenemos envidia o los vemos de menos, estamos ignorando el hecho de que ellos también tienen problemas. Tienen características buenas y malas así como todos nosotros. Pero si tenemos una autoimagen positiva y permitimos que ellos sean como son, sin juzgarlos, puede que esta persona extraordinaria te parezca simpática y hasta posiblemente se convierta en una amistad.

Además, cuando usamos cosas externas como el dinero, la fama, la fuerza física o la belleza para identificarnos a nosotros mismos, encontraremos que estas condiciones pueden cambiar. ¡Este mundo es muy frágil! Sería una tontería formar nuestra identidad en estas cosas temporales porque todo lo que podemos ver ahora tendrá su fin (1Pedro 1:24).

<u>Pero con Dios</u>...

Cuando nos medimos según el criterio de Dios somos medidos *individualmente*. Dios quiere hacer esos cambios en nosotros para que maduremos y nos convirtamos en la persona <u>única</u> que Él diseñó. Él nos diseñó para que fuéramos más como Jesús no para que nos hiciéramos como otra gente.

Cuando nuestra identidad está centrada en el Señor y en lo que *Él* piensa de nosotros, nuestra vida será más estable y segura porque Dios es el fundamento que <u>nunca</u> cambia. Y cuando comenzamos a reconocer la verdad de que **somos** la niña de Sus ojos, podemos dejar de esforzarnos para sentirnos 'dignos' (Efesios 1:3-8).

En lugar de eso, podemos empezar a usar nuestra energía para cambiar nuestros viejos pensamientos (Romanos 12:2). Cuando nos enfocamos más y más en el Señor, nuestro corazón cambia y tendremos un nuevo sentido de vitalidad. Y este nuevo estilo de vida resulta en el deseo de ayudar a otros en vez de vivir egoístamente.

Cuando creemos lo que Dios dice de nosotros en Su Palabra, nos da la estabilidad que necesitamos para madurar como cristianos. Necesitamos usar nuestro tiempo para concentrarnos en los frutos eternos de Su reino y ¡no en rascarnos la panza!

• ¿Alguna vez te has comparado usando el criterio de Dios?

• ¿Sabes tú lo que Su Palabra dice de ti?

• ¿Has aceptado a Jesucristo en tu corazón?

<u>¡Yo tengo el control</u>!

Otro problema que nos lleva a tener baja autoestima es creer que estamos completamente a cargo de nuestras vidas. A veces sentimos que somos los únicos capaces de tomar el mando. Pero en realidad, esta actitud crea temor, inquietud e incertidumbre porque no fuimos creados para vivir apartados de Dios. Él gobierna el universo y cuando insistimos en dirigir nuestra vida sin Él, nos exponemos al fracaso y a la sensación de un vacío.

LA AUTOESTIMA

La Biblia dice que solamente cuando nos humillamos ante el gran poder de Dios seremos elevados (1Pedro 5:6). Dios sabía que sería difícil para nosotros someternos a Él, por eso después de instruirnos que nos sometamos, inmediatamente nos dice que le entreguemos todas nuestras inseguridades.

Él también sabía que si dependemos solo de nosotros, eso resulta en sentimientos, pensamientos y comportamientos malsanos. Cuando tomamos decisiones solo con sabiduría humana, nos falta discernimiento espiritual, el cual adquirimos de una relación con el Señor. Es como pedirle a alguien que nunca ha navegado, instrucciones sobre cómo navegar un barco.

Dios es el **único** experto del comportamiento humano. Por eso *Su* opinión es la única que realmente cuenta. Cuando se nos olvida o ignoramos este concepto importante, dejamos de confiar en El que tiene el poder de transformar nuestras vidas. Nos privamos de la única Persona que tiene el poder y el deseo de ayudarnos a alcanzar nuestro verdadero potencial (Filipenses 2:13). En realidad, la única forma en que logramos el éxito en esta vida es cuando *Dios* nos declara listos para Su reino.

• ¿En qué áreas de tu vida sientes que tienes control absoluto?

• ¿Sientes que <u>tienes</u> que tener este control?

• ¿Qué pasaría si le entregas a Dios este deseo de controlar?

<u>Una cosa más</u>...

Aún hay otra cosa más que tiene el poder de destruir nuestra autoestima. La preocupación. La gente pasa demasiado tiempo pensando en qué pasará. Pero en realidad, la mayoría de las cosas que nos preocupan, *nunca* llegan a suceder. Por eso Jesús nos dice simplemente ¡No te preocupes! (Mateo 6:25-34). Dios es suficientemente grande para poder corregir nuestros errores, ayudarnos a salir del lodo y convertir lo malo en algo para nuestro bien (Génesis 50:20). Él es nuestra seguridad, El que nos sostiene, nuestro Proveedor, Salvador y Redentor. Lo que debemos hacer es *entrenar nuestra mente* a creer que pase lo que pase, Dios nos CUIDARÁ. La paz viene cuando tenemos nuestros pensamientos fijos en Él (Isaías 26:3-4).

Es interesante que hasta los cristianos perseguidos en todas partes del mundo que no tienen ningún prestigio terrenal, ni belleza física, ni posesiones, declaran que Jesús les ha dado todo lo que necesitan para tener éxito. Esto es porque se dan cuenta de que el verdadero valor, éxito y poder provienen de una relación íntima con Jesús y de vivir conforme a la Palabra de Dios. Ellos arriesgan sus vidas para demostrar que en verdad aman al Señor con todo su corazón, mente y alma. Aunque lo creas o no, *ese* es el secreto de vivir la vida cristiana victoriosa.

• Piensa en la última situación en la que te preocupaste:

-¿Le pediste a Dios que te ayudara?

- ¿Le *permitiste* tomar el control de las cosas sobre las cuales no tenías control?

- ¿Tomaste responsabilidad por las cosas sobre las cuales tenías control?

- ¿Cómo se resolvió la situación?

¡Dios es mi Papi!

¡Somos los hijos de Dios! De hecho, la Biblia usa el término 'Abba', lo cual significa 'Papi'. Se usa para ilustrar la forma en que un niño llama a su padre—con amor, ternura y confianza. Nosotros como cristianos hemos oído tantas veces "somos sus hijos" que a veces no nos damos cuenta del significado.

Muchas veces tenemos la tendencia a pensar que nosotros somos los adultos en nuestra relación con el Señor. Por eso tenemos la actitud de que "le pediré ayuda a Dios cuando *realmente* la necesite". Pero esta forma de pensar no es el plan que Él tiene para Su creación amada. Él nos llama Sus 'hijos' porque quiere que lo busquemos para todo y que pensemos en Él ¡hasta cuando nos raspamos las rodillas!

Aunque de niños hayamos tenido padres horribles, aún podemos recibir la atención y el cariño que no recibimos de nuestro padre terrenal. Podemos ser sanados de todo tipo de abuso o negligencia que hayamos sufrido. Y aunque hayamos crecido en una buena familia, de seguro hay cosas que nos hubiera gustado que fueran diferentes. Pero no importa las circunstancias, encontraremos todo lo que nuestros corazones desean cuando amemos y confiemos en nuestro Padre celestial.

• ¿Crees tú que Dios te ama?

• Si no lo crees, ¿estás dispuesto a hablarle en oración para comenzar una relación con Él?

<u>¡Somos adoptados!</u>

Otro concepto bíblico que explica nuestra importancia para Dios es que los cristianos hemos sido 'adoptados' a la familia de Dios (Romanos 8:15). Puede que esto no parezca muy importante hasta que nos damos cuenta del significado en tiempos bíblicos. Es una situación muy distinta de lo que pensamos hoy en día cuando oímos la palabra 'adopción'.

En la época del Nuevo Testamento, las familias romanas adoptaban niños. Esos niños tenían todos los privilegios de los hijos biológicos. Ellos recibían la misma herencia de todo lo que pertenecía a la familia, como si hubieran nacido de los mismos padres.

Y esta es la misma posición que tenemos con Cristo. Somos adoptados a la misma línea de sangre y por lo tanto, somos los hijos 'biológicos' de Dios. Recibiremos de herencia lo mismo que Jesús tiene en el cielo y en la tierra (Efesios 2:6, 3:6 y 1Pedro 1:3-4).

A veces nos olvidamos que tenemos una razón divina por la cual estamos aquí. La Biblia dice que Dios nos *coronará con gloria y honor* (Romanos 8:16-17; 2Tesalonicenses 2:13-14 y 1Pedro 1:6-7). Parece ser que no entendemos la verdad que como cristianos auténticos, Dios eventualmente nos dará autoridad sobre todas las cosas (Hebreos 2:6-8) De hecho, algún día incluso juzgaremos al mundo y a los ángeles (1Corintios 6:2-3).

Esto tiene que ver con nuestra autoestima, porque somos realeza, ¡literalmente! Jesús es el Rey y el Príncipe de la paz (Apocalipsis 17:14; 19:16 e Isaías 9:6). Y ¡somos Su familia amada! A veces como cristianos actuamos como si estuviéramos desahuciados. Pasamos la vida pensando que este mundo es todo lo que hay y que el éxito depende de nosotros. Pero Dios quiere que dependamos de Él y confiemos en Él completamente.

Además, seguido pensamos que este mundo es la única realidad que hay y actuamos como si fuera lo único que verdaderamente importa. Ya hemos leído que este mundo y todo lo que hay en él se está deteriorando y todo dejará de existir. Pero nuestra vida en Cristo es eterna (1Pedro 1:23). Dios claramente dice que existen más cosas invisibles que las que se ven. Y no debemos poner nuestra fe en cosas temporales que se pueden ver, tocar y oler (Romanos 1:20; 2Corintios 4:16-18 y Hebreos 11:3). Es solamente cuando creemos en Su Palabra que llegamos a comprender la eternidad. Entonces sabremos valorarnos así como Él nos valora.

ESTAS verdades son las que necesitamos para apoyar sobre ellas nuestro valor y autoestima. Es nuestra *responsabilidad* enfocar nuestros pensamientos e instruir nuestra mente con Su Palabra, la cual es perfecta y absolutamente verdadera. Y debemos echar los cimientos de nuestra vida en esta certeza (Mateo 7:21-27).

• ¿Te consideras una persona con poca esperanza, sin nada que ofrecer? O ¿te consideras un hijo heredero de la línea de sangre del Rey?

¡Yupi! Somos *injertados* también ☺

Y ¿qué significa ser 'injertados'? Pues es otra forma que la Biblia usa para explicar cuánto nos ama Dios. Primero que nada, vemos en el Antiguo Testamento que Él escogió a los Hebreos como su pueblo amado. Él demostró Su pasión por ellos cuando los libró de la esclavitud en Egipto (Levítico 26:12-13). Este es un concepto muy importante porque después Jesús vino a librarnos a nosotros de la esclavitud al pecado.

Jesús demostró Su amor por nosotros al morir como un criminal en nuestro lugar. Y resucitó para demostrar Su poder sobre el pecado y la tumba, para que nosotros también podamos vencer nuestra carne y al mundo perdido.

Nos referimos a los judíos como el 'árbol original' porque fueron escogidos por Dios. Y nosotros los cristianos somos las 'ramas injertadas'. *Injertar* es cuando cortas la rama de un árbol y se la unes al tronco de otro árbol. Con el tiempo se 'pega' y llega a formar parte de ese árbol y después parece como si siempre fue parte del árbol.

Así somos los seguidores de Cristo. Dios nos ama tanto que hizo hasta lo imposible por 'injertarnos' a la familia original que había escogido. La muerte y la resurrección de Jesús fue lo que hizo esto posible. Por eso tanto los judíos que creen en Cristo y los demás cristianos formamos parte de la familia de Dios (Romanos 11:13-24). Al comprender esto nos damos cuenta de lo importante que somos para Él.

Jesús es el fundamento de la verdadera autoestima

Una de las consecuencias más dañinas de tratar de vivir conforme al criterio del mundo es que esto afecta nuestra relación con Dios. Cuando vivimos 'comparándonos' a los demás, esto afecta nuestra unión con Dios. Mucha gente no pone un pie en la iglesia porque piensan que tienen que tenerlo todo 'bajo control' para poder tener comunión con el Señor. Aún como cristianos a veces sentimos que no estamos a la altura de las expectativas de Dios. Y cuando nos sentimos indignos

nos cuesta trabajo estar en Su presencia. Pero con Jesús ¡no es necesario cumplir las expectativas! ¡Él fue a la cruz para que *sí* diéramos el ancho!

La verdad es que 'cuando todavía éramos pecadores' Cristo murió por nosotros (Romanos 5:8). Él nos da Su amor en abundancia cuando no lo merecemos en lo más mínimo. Aunque Dios espera que dejemos nuestra vida anterior y la cambiemos por una identidad nueva en Él, debemos reconocer que no importa lo que *hagamos,* Su amor por nosotros siempre será igual (Romanos 8:31-39).

Y el amor que tiene por nosotros es un ejemplo de cómo nosotros nos debemos amar. Necesitamos saber que tenemos valor, que somos preciosos y amados por encima de todo. Podemos relajar porque nuestro valor ante los ojos de Dios no se mide con nuestro rendimiento. Su amor *nunca* cambia y Él *siempre* nos acepta. Y <u>así es cómo debemos tratarnos el uno al otro.</u> Aunque sí debemos ser humildes porque nuestra fuente de vida es el Señor y no nosotros mismos, podemos y *debemos* vivir confiados porque ¡el Rey del universo desea nuestra compañía!

Fuimos creados a la imagen de Dios, lo cual significa que fuimos hechos para reflejar Su carácter. Esto en sí provee un fundamento sólido para la autoestima. Cuando sabemos de dónde venimos, porqué estamos aquí, cuánto nos ama, nuestro verdadero propósito y dónde pasaremos la eternidad, podemos dejar de esforzarnos por dar el ancho. Podemos dejar de compararnos con los demás porque nuestro valor se basa en el hecho que Dios, el Todopoderoso, nos ama y nos quiere con Él. Conforme vamos desarrollando un amor propio sano y bíblico vamos dejando nuestras inseguridades, el autodesprecio, la vergüenza y el sentido de culpa.

La verdad es que somos absolutamente *maravillosos,* no por lo que hemos logrado o por lo que no hemos hecho, sino porque ¡somos objeto de Su afecto! Su único requisito es que aceptemos a Jesucristo como el pago cumplido por nuestros pecados. Debemos creer que resucitó de entre los muertos y que ahora vive eternamente en el cielo. Debemos amar al Señor con todo el corazón, con toda el alma y con todas las fuerzas; pensar en Él constantemente y hacer todo por servirle (Deuteronomio 6:4-9).

La gente nos juzga por la ropa que usamos, por lo que tenemos, por nuestro rendimiento, nuestros logros y por nuestra apariencia. Pero Dios nos quiere a pesar de nuestras faltas, porque nos creó con el propósito de tener una relación con nosotros. Por eso, conocer el *carácter de Dios* es realmente el fundamento de nuestra autoestima.

• ¿Consideras tú que tienes valor y confianza o crees que eres indigno e incapaz?

• ¿Estás *dispuesto* a creer que eres extremadamente importante y que estás destinado para grandes cosas en Su reino simplemente por lo que Dios opina de ti?

El eterno Dios trino

Hay varias verdades eternas que debemos aceptar si queremos superar la baja autoestima. Antes que nada, debemos enfocarnos en que solo Dios es perfecto. Segundo, que Jesucristo es la representación *exacta* de Dios (Colosenses 1:15-20). Esto es importante porque cuando ponemos nuestra fe en Él, Él sabe cómo manejar nuestra vida perfectamente.

Jesús no es solamente un 'buen maestro' o un 'profeta popular' como le llaman algunas religiones. El evangelio de Juan 1:1-5 dice que uno de los nombres de Jesús es la 'Palabra' y siempre ha existido. Esto comprueba Su naturaleza divina porque en la mente de los judíos, 'la Palabra', significa el 'agente de la creación'. Como solo Dios tiene el poder para crear algo de la nada, entendemos que Jesús también es Dios. Él estuvo allí cuando se formó el universo, lo cual es posible solamente si Él es Dios.

Tercero, el Espíritu Santo es la tercera persona de la Deidad (Trinidad). Él tiene el poder de cambiar nuestros corazones, convencernos de nuestro pecado, consolarnos en momentos difíciles y darnos un entendimiento profundo de la mente de Dios, lo cual solo Dios puede hacer (Juan 16:5-15; Romanos 8:5-14).

Y por último, podemos ver que a la Biblia también se le llama 'la Palabra'. Es eterna (Isaías 40:8), viva y tiene el poder de exponer nuestros pensamientos y deseos más íntimos; examina nuestro corazón, determina nuestros errores y nos guía hacia toda la Verdad (Hebreos 4:12 y 2Timoteo 3:16). Y aunque la Biblia fue escrita por los hombres, no es solamente una colección de historias de su propia sabiduría. Contrario a lo que muchos creen, las palabras si fueron inspiradas por Dios (el aliento de Dios). Y es lógico que solo Dios pudiera haber escrito un libro que sobrenaturalmente cambia lo más profundo del corazón humano. Pero para realmente experimentar esta verdad, tienes que creer en Jesucristo.

Ahora, ¡para creer y obedecer!

El leer la Palabra y hacer lo que ésta dice es la única manera de cambiar nuestros pensamientos y sentimientos para poder entender las verdades espirituales y tener la mente de Cristo (1Corintios 2:13-16). Antes de ser cristiana, sentía que no tenía ningún valor; ni siquiera deseaba vivir. Y cuando empecé a leer la Biblia, fue difícil para mí aceptar lo que decía. Esto fue porque había aceptado tantas mentiras acerca de mi misma que la verdad es que ¡pensé que estaba creyendo mentiras cuando tratava de creer lo que dice la Biblia! No lograba comprender que Dios mismo me consideraba digna de ser amada.

Pero conforme fui leyendo y absorbiendo Su Palabra, el Espíritu Santo comenzó a transformar mis pensamientos y empecé a creer la verdad de mí misma. Comencé a *confiar* en lo que DIOS dice de mí en Su Palabra.

Hoy me siento confiada y amada y estoy absolutamente segura de que Dios me preparará con lo que necesite para llevar a cabo Sus planes y deseos. No hay duda – el saturar tu mente con los pensamientos y opiniones de Dios requiere trabajo, pero es esencial si quieres sentir que eres digno y tener una actitud positiva en tu vida.

• ¿Cuánto tiempo le dedicas a la Palabra de Dios...a la oración...a la meditación?

El amor de Dios es la BASE de nuestra autoestima

A continuación se encuentran algunas escrituras muy valiosas que tratan la autoestima. Imprímelas y léelas a menudo. Memorízalas para que estés armado contra los ataques del diablo y tus viejos pensamientos cuando te sientas indigno o inseguro. ¡Tenemos que estar inmersos en Su Palabra!

1 Juan 4:10, 19	Dios nos amó primero
Salmo 139:1-18	Él nos ama intensamente
Efesios 1:4	Él nos incluyó en Su plan desde antes que formara la tierra
Efesios 1:11	Estamos unidos con Cristo. Hemos recibido una herencia de Dios. Él nos escogió de antemano
Efesios 2:1-6	Estamos sentados con Jesús en el reino celestial
Efesios 2:10	Somos la obra maestra de Dios, creados con un propósito muy especifico dentro de Sus planes
Romanos 8:17	Somos coherederos con Jesucristo (heredaremos todo lo que Él tiene)
Romanos 8:28	Aún en nuestras tribulaciones y sufrimientos, Él dispone todas las cosas para el bien de quienes lo aman conforme a Su propósito

Hebreos 13:8	Él nunca cambia, por eso podemos poner toda nuestra confianza en Él.
Hebreos 6:18	Él no puede mentir, así que Sus promesas de fuerza, propósito y vida eterna son absolutamente seguras y dignas de confianza
Salmo 56:8	Él guarda todas nuestras lágrimas en Su frasco
Salmo 116:1-2	Él se inclina y escucha nuestra voz, lo que significa que somos muy importantes para Él.
	Él escucha cada oración
Salmo 121	Él no se cansa ni duerme. A la hora que lo necesitamos, Él está atento a nuestras necesidades, peticiones y alabanzas. ¡Él MISMO nos cuida! Esto significa que el Dios del universo es el que nos tiene en Su vista cada segundo de cada día
Isaías 41:10	No tengas miedo ni te desalientes – Dios te dará fuerzas y te ayudará. *¡Él te sostendrá con Su mano derecha victoriosa!*
Isaías 43:1	Él te ha llamado por tu nombre (esto es muy personal)

¿Cómo podemos leer estas escrituras y no creer que seamos cuidados, amados y dignos de la atención de Dios?

Él nos creó.

Él nos adora.

Él nos desea.

Él quiere tener una relación con nosotros.

Él tiene un plan maestro para nuestra vida.

¡Somos Su creación más sobresaliente!

Este es el gran Dios a quien servimos. Cuando llegamos a comprender este amor profundo, duradero, eterno y constante, comenzamos a percibir una autoestima elevada y sana. ¡Esto lo sé por experiencia propia! Cuando en verdad *sabemos* quiénes somos y ponemos nuestra vida en Sus manos, tendremos una vida llena de agradecimiento y de servicio para nuestro Creador – y para eso fuimos creados desde el momento de nuestra concepción.

 Entonces vemos que el mundo es temporal, que va cambiando y que se va desvaneciendo. Pero Dios Padre, Dios Hijo y Dios Espíritu Santo y la Palabra de Dios viven eternamente y son sumamente poderosos. Por lo tanto, estos son los únicos criterios que debemos usar para compararnos porque estos no cambian ni se desvanecen (Hebreos 13:8). El vivir conforme Dios manda nos da una autoestima sana, estabilidad y esperanza para el futuro.

Si Dios nos tiene *tanto* cariño, debemos creer que ¡*somos* dignos de Su amor y atención! ¡Nuestra verdadera identidad y autoestima están EN CRISTO! Ya no debemos sentirnos inferiores ni temerosos porque cuando ponemos nuestra confianza en Él, construimos nuestra vida sobre los cimientos sólidos de la Verdad de Dios en lugar de los caprichos de la sociedad o las mentiras que hemos creído.

Recuerda, este mundo es pasajero. Intenta ver cada día, cada situación en la luz de la eternidad. Cuando se acabe mi vida, ¿valdrán la pena las cosas que me preocupan hoy? La respuesta probablemente es 'no'. Malgastamos nuestra vida enfocados en nuestras debilidades, temores e inseguridades. Pero una vida de confianza en Cristo producirá fruto eterno, al igual que gozo, paz y esperanza. Lo que importará cuando veas a Jesús cara a cara será: Cuánto lo amaste, qué tan bien le serviste al ser un reflejo de Él para este mundo perdido y ¿qué hiciste por traer a otros al cielo contigo?

Estas son las cosas que duran para *siempre.*

REFLEXIÓN

1. ¿Qué debemos hacer para que Dios nos ame?

2. ¿Qué cosas horribles hacemos que pudieran cambiar el amor que Dios tiene por nosotros? (la respuesta es ¡*nada!* Aunque sí podemos decepcionar a Dios, alejarlo de nosotros y entristecerlo, Su **amor** por nosotros no cambiará, *no importa* lo que hagamos)

3. ¿Cómo es que Su amor cambia nuestra autoestima?

4. Si Dios nos ama a pesar de todo, ¿significa eso que podemos hacer lo que nos dé la gana y aún así tener una relación con Él?

5. ¿Qué criterio debemos usar para evaluar nuestra valía y autoestima?

6. ¿Cuáles son algunos de los criterios que USAMOS para evaluarnos? ¿Por qué es tan peligroso esto?

7. En nuestra relación con Jesús, ¿por qué es esencial entender que nuestra identidad (o sea nuestra posición en la vida, nuestra valía y autoimagen) está completamente cimentada en él?

8. ¿Cómo podemos hacer para que este entendimiento sea verdadero y esencial en nuestra vida?

NOTAS

LA AUTOESTIMA

CAPÍTULO 14

EL ARREPENTIMIENTO

¿Cómo te encuentras ahora en tu vida? ¿Te sientes triste, temeroso, mal humorado, frustrado o sin esperanza? ¿Sientes enojo, amargura, aislamiento, un vacío o quisieras que tu vida fuera más plena? ¿Quisieras tener una mejor autoimagen? Tal vez te preguntas si tu vida debería tener más sentido que solamente ir a trabajar, cuidar a tu familia y comprar cosas.

¿Qué tal de tu vida espiritual? ¿Tienes una relación sumamente intensa con Jesús o estás al otro extremo viviendo tu vida según tus propias reglas? ¿Estás indeciso con respecto a tu fe – ni frío ni caliente? O tal vez sí eres cristiano, pero te sientes culpable porque tu vida no tiene nada de lo que Jesús menciona.

¡No te preocupes! Tu desdicha puede ser lo que Dios usará ¡para cambiar tu vida! Lo bueno es que *no importa dónde estés o lo que hayas hecho. Jesús te está buscando y quiere tener una relación íntima contigo.* Y el arrepentimiento es exactamente el lugar donde puedes empezar esa relación.

• Tómate unos momentos y lee cada una de las emociones que están en el primer párrafo arriba.

• Piensa en cada una y escribe algo breve acerca de cómo esa emoción está afectando tu vida ahora.

EL ARREPENTIMIENTO

¿Qué tiene que ver el *arrepentimiento* conmigo?

El arrepentimiento es un término militar que significa dar una vuelta de 180 grados en sentido contrario al rumbo que llevabas. En términos bíblicos espirituales, esto significa darle la espalda a tu viejo ser e ir en la dirección que Jesús quiere para nosotros (Mateo 4:17 y Hechos 20:21). El arrepentimiento también significa 'reformación después de la culpa' o 'revocación de una decisión'. Básicamente, significa admitir que nuestro camino no es el correcto y tomar la decisión de hacer los CAMBIOS necesarios para que nuestra vida esté en línea con los caminos de Dios. El único requisito para el arrepentimiento es un corazón blando que se arrepienta del pecado y tenga la voluntad de cambiar (Salmo 38:18).

El arrepentimiento es el método por el cual llegamos a conocer a Dios inicialmente. Es la decisión continúa de seguir un estilo de vida ya que el arrepentimiento debe surgir después de nuestras acciones pecaminosas. Entre más nos acoplamos a la voluntad del Salvador, nos asemejamos más y más a Él. El compartir nuestros errores y fracasos con Dios es un componente esencial para el crecimiento en la vida cristiana.

Hay dos elementos del arrepentimiento, la 'confesión' y el 'cambio'. La confesión también tiene dos partes: 'confesar nuestro pecado' y luego 'permitirle a Dios moldear nuestro corazón y mente a Su semejanza'. La confesión quiere decir que Dios quiere que usemos nuestras palabras para definir lo malo que hemos hecho. Esto nos hace ver la realidad de nuestro pecado, porque cuando solamente 'pensamos' en nuestra ofensa, nos cuesta más entender nuestros sentimientos y se nos hace más fácil mantener nuestros secretos escondidos.

Más importante aún, la Biblia dice que sin la confesión, Dios no escucha nuestras oraciones (Salmo 66:16-20) y si tenemos algo en contra de alguien, debemos reconciliarnos con ellos antes de ofrecer nuestro sacrificio de adoración al Señor (Mateo 5:23-24). Claramente, Dios quiere que estemos libres del enojo, de la culpa y del resentimiento. Porque Él sabe que envenena nuestras relaciones con los demás y con Él. Recuerda que arrepentirse es 'dar la vuelta', lo cual implica que nuestra mente, emociones y acciones forman una gran parte en nuestra decisión de cambiar.

¡O no, *Dios* no!

Mucha gente le corre a la idea de tener una relación con Dios. Pasan toda su vida tratando *todo* lo posible por ser 'feliz' pero equivocadamente se resisten a la ÚNICA persona que les puede brindar el verdadero gozo que perdura (Salmo 14:1).

Muchas veces esto sucede porque no están dispuestos a 'dejar' su conducta pecaminosa. O piensan que ser cristiano es aburrido o que les llamarán 'locos' o 'intolerantes'. Entonces, terminan por rechazar a Dios y a su pueblo a toda costa.

Tristemente, algunas de estas personas crecieron en hogares muy 'religiosos' y los adultos cristianos que ellos observaron demostraban muy poco el amor de Cristo. Muchas veces las experiencias con sus familias y la hipocresía han hecho que le den la espalda a Jesús y a la fe cristiana. O puede ser que decidan seguir otras religiones o ritos humanos relacionados con Dios.

Y no nos olvidemos de aquellos que han sufrido abusos en sus familias y piensan que Dios les ha fallado. Tal vez han pensado, "Si Dios existe, ¿por qué permitió que me pasara eso?" Se sienten abandonados por el Señor y piensan que Él no se interesa por ellos. Equivocadamente piensan que Él no los querría en su estado pecaminoso. Y trágicamente, existen aquellos que han llegado a odiar a Dios y le han cerrado sus mentes y corazones como con puertas de hierro.

Pero irónicamente, nos damos cuenta de que empezamos a buscar a Dios cuando nos sentimos insatisfechos, vacíos, tristes o cuando nuestras vidas están fuera de control. Algo nos dice que la vida tiene más sentido y en lo profundo de nuestro ser, ese 'algo' nos hace falta.

¿Por qué necesito arrepentirme?

Tal vez estás pensando, ¿qué importancia tiene el arrepentimiento? Al fin y al cabo, si Dios lo sabe todo, ¿por qué le tengo que CONFESAR todos mis pecados? ¿Y por qué tengo que seguir cambiando? ¿Acaso no me ama tal y como soy?

Pues así abres una herida para extraer la infección, la confesión y el arrepentimiento saca la mugre de adentro. *Todos* llevamos suciedad por dentro, y el arrepentimiento es lo único que nos brinda la sanación espiritual, mental, emocional y a veces hasta la sanación física (Santiago 5:16). Pero por otro lado, si escondemos nuestros pecados o seguimos en el pecado sin sentir vergüenza, estamos permitiendo que esa suciedad nos infecte (Salmo 38:5). El resultado es una vida malsana que nos hace sentir culpa, enojo, orgullo, celos, depresión, ingratitud y temor. No es difícil ver que la rabia, la lujuria y la inmoralidad están fuera de control en este mundo. Estos comportamientos, muchas veces, están directamente ligados al pecado que no se ha confesado y del cual no te has arrepentido – esto es la causa de la culpa reprimida.

La desobediencia viene de muchas formas. Obviamente, es cualquier tipo de rebeldía contra la autoridad de Dios. La epístola de Santiago 4:17 habla de otro tipo de pecado: "es pecado saber lo que se debe hacer y luego no hacerlo". Cuando constantemente ignoramos a Dios o nos negamos a arrepentirnos y a cambiar las cosas que Él quiere que cambiemos, nuestro corazón se vuelve inflexible y nuestra consciencia se embota.

La gente malentiende el verdadero significado del arrepentimiento. A menudo creen que son demasiado buenos como para doblar sus rodillas ante alguien. Tal vez tengan imágenes de gente extraña que tirada de panza confiesa sus pecados a gritos. O se encogen porque les parece que es algo que les privará de su diversión y placeres en la vida. Pero como muchos principios en el Reino de Dios, la verdad es todo lo contrario. **Es por medio del arrepentimiento que logramos nuestra libertad.**

• ¿Qué piensas de Dios ahora? ¿Es Él tu mejor amigo o simplemente un conocido? ¿O te alejas de Él lo más posible?

• ¿Has tenido experiencias en tu pasado en las que no sentías la presencia de Dios?

• ¿Existe la posibilidad de que aún estés molesto con Él por haberte 'decepcionado' en el pasado?

• ¿Tienes áreas en tu vida en las que te a costado trabajo darle el control a Dios?

¡*Ay, vaya!*

El arrepentimiento es algo muy crítico porque la Biblia dice que **pereceremos** si no nos arrepentimos (Lucas 13:3). Es la naturaleza humana dejar para mañana lo que debemos hacer hoy. Muchos de nosotros pensamos, "O, no tengo tiempo para Dios ahorita. Voy a vivir como yo quiera hasta que me canse de 'divertirme', ya de último aceptaré a Dios en mi vida para no ir al infierno". Pero la Biblia nos advierte lo peligroso que es esta forma de pensar. Tal vez no tengamos tiempo de pedirle perdón a Dios cuando nos llegue la hora.

Las Escrituras también nos advierten que si no tenemos un corazón realmente humilde y si no nos arrepentimos ante el Señor, nuestro corazón se puede endurecer a tal grado que aunque veamos a una persona resucitar de entre los muertos, no creeremos. No aceptaremos la verdad que si no aceptamos a Cristo terminaremos en el infierno. Debemos tener un corazón 'blando' y arrepentido por nuestro pecado (Lucas 16:19-31). Dios está esperando escuchar nuestra confesión arrepentida para ayudarnos a salir de nuestro quebrantamiento y así tener una relación plena, satisfactoria y eterna con Él.

¿En qué consiste esta relación?

La Biblia nos dice sabiamente que calculemos el costo antes de invertir en algo. Eso incluye dejar nuestro estilo de vida y aceptar la vida que Jesús nos ofrece (Lucas 14:26-33). Seguir a Jesús tiene tremendos beneficios, pero ¡no es un camino de rosas! Para empezar, tenemos que vencer nuestros temores de dejar lo que conocemos bien, porque muchas veces estas son las cosas que nos impiden aceptar al Señor. Algunas de las preguntas que la gente debe hacer antes de entregarle su vida a Jesús son:

"¿Tendré que dejar todo lo que considero 'divertido' en mi vida?"

"¿Tendré que deshacerme de mis sueños dorados?"

"¿Tendré que dejar de ser como soy?"

"¿Tendré que divorciarme de mi cónyuge que no es creyente?"

"¿Tendré que dejar mi trabajo?"

Estas son buenas preguntas que deben contestarse antes de comprometernos completamente con Dios. Nos damos cuenta de que una gran parte de nuestras preguntas tienen su respuesta en 1Corintios 7:17-24. Este pasaje nos dice que sigamos como estábamos cuando Dios nos llamó. Y en los versículos 12-16 vemos que debemos seguir casados con nuestro/a cónyuge a menos que él/ella decidan marcharse.

Esto ciertamente será difícil, pero tendrás que orar fervientemente y comportarte de un modo que agrade al Señor para ¡ganarlos para Cristo! Jesús puede ser tu cónyuge hasta que haya paz entre ustedes. Así es que, a menos que estemos viviendo en la inmoralidad, debemos seguir comprometidos a lo que estábamos haciendo cuando el Señor nos llamó. Él se encargará de los detalles.

'Cristiano'='sufrimiento'

Muchos que no son cristianos piensan que someter su vida a Dios les traerá sufrimiento. Irónicamente, dicen entender a Dios, la Biblia y la vida cristiana.

Y tienen muchas excusas por las cuales no pueden o no quieren seguir a Dios. Pero las Escrituras nos dicen que los que no llevan al Espíritu Santo por dentro, no pueden entender las cosas espirituales (1Corintios 2:10-16). Por lo tanto, los que no creen en Dios y no se han sometido a él, pueden *decir* que han leído la Biblia, pero son *incapaces* de entender sus verdades a menos que el Espíritu de Dios more en ellos.

Dios les nubla la mente hasta que reciben la salvación. Y lo hace con el propósito de que aquellos que se 'creen' sabios se confundan por su propio orgullo. Sin embargo, el pecador que reconoce que necesita un Salvador, y lo acepta agradecido, recibirá la habilidad de comprender el mensaje sencillo del evangelio (1Corintios 1:20-29).

Consecuentemente, muchos de los no-creyentes se engañan a sí mismos al pensar que la vida cristiana les privará de todo placer. Piensan que la Biblia es solo reglas y reglamentos y solo esperan que un cristiano cometa un error para justificar el porqué no siguen a Dios. Y tristemente, hasta nuestra cultura nos anima a dejar a un lado las restricciones, rechazar a Dios y 'hacer lo que nos parezca bien'.

Pero las Escrituras nos dicen que el resultado de esta actitud es una estupidez absoluta (Salmo 14:1). No solo eso, pero dice que cuando nos resistimos a entregarle a Dios nuestra vida, somos malos y corruptos. La verdad es que si seguimos rechazándolo y vivimos según nuestras propias reglas, vamos rumbo a una muerte espiritual ahora, la cual se convertirá en el castigo eterno al final de nuestra vida (Proverbios 14:12).

Debemos reconocer que solo tenemos dos opciones en esta vida. Podemos aceptar a Jesús ahora y vivir en la gloria eterna, o rechazarlo e ir al infierno eterno (Mateo 13:37-43 y Mateo 22: 1-14). Contrario a algunas ideas populares, no tendremos la oportunidad de elegir a dónde iremos después de morir (Lucas 12:8-9 y Lucas 13:24-30). Las personas que se niegan a reconocer y seguir a Cristo, intentan ignorar estos pasajes, pero negarse a ver la Verdad no cambia el hecho que sea verdad. Y si rechazamos el poder salvador de Jesús, eso nos *llevará* al castigo eterno (1Corintios 1:18 y Gálatas 6:7-10).

¡Pero necesito 'descubrirme' a mí mismo!

Posiblemente te engañes pensando que perderás tu identidad y tu independencia si le entregas tu vida a Dios. Pero la verdad es que no somos realmente nosotros hasta que vivimos según los caminos que Dios a diseñado para nosotros. El pecado distorsiona nuestro carácter original y la persona en la que nos 'convertimos' sin Cristo, no es lo que Él tenía planeado. Dios nos creó y Él es Quien nos dio las fuerzas, los talentos y los deseos de nuestra mente, corazón y espíritu. Por lo tanto, a menos que vivamos en comunión con Él, nunca llegaremos a ser lo que Él tenía en mente. Hay una vitalidad y una satisfacción que Él quiere que sintamos y lo logramos <u>solamente</u> cuando tenemos una relación CON Jesús.

Claro que es verdad que el vivir para Cristo requiere de nuestro autocontrol y obediencia. Probablemente a todos nos haría bien un poco más de estas cualidades de todos modos. Pero cuando Dios está al mando, recibimos el poder del Espíritu Santo que es necesario para vivir una vida piadosa. Él está ¡*para ayudarnos* a glorificar y agradar a Dios! Y yo, por supuesto, quiero tener el poder y la sabiduría del Señor cuando tenga que tomar decisiones difíciles en la vida, en lugar de estar sola y tratar de encontrar fuerzas y entendimiento por mi propia cuenta.

Enfrentamos otro problema cuando escogemos el pecado. Escondemos nuestra verdadera persona. Los malos comportamientos y pensamientos definen nuestra personalidad y tristemente, la persona que Dios formó la escondemos. Solo él Señor tiene el poder para librarnos de nuestro egoísmo; y cuando esto ocurre, tenemos la libertad de ser como fuimos creados.

<u>Yo, yo mismo y otra vez yo</u>

¿Alguna vez has sentido que estás peleando contra un 'viento contrario', como que no puedes 'avanzar' mental o emocionalmente? A veces no sabemos ni por qué estamos insatisfechos o infelices. La verdad es que tal vez ni nos damos cuenta de que la razón por la cual nos falta la **verdadera** paz y el gozo es porque estamos desconectados del Único que puede impartir la paz y el gozo auténtico en nuestras vidas. Cuando vivimos desconectados de Dios, Jesús y el Espíritu Santo, somos **incapaces** de recibir las bendiciones que Él tiene para nosotros.

Tal vez piensas que te importa un pepino si estás lejos de Dios en este momento en tu vida. Tal vez piensas que tu vida va muy bien sin Él. Hasta puede ser que creas que llevas una vida 'recta'. Pero todo ser humano es imperfecto de una manera u otra - ¡con solo el hecho de estar vivos! Nadie alcanza la meta gloriosa y todos somos pecadores ante los ojos de Dios (Romanos 3:21-28). Si no fuera por el sacrificio de la sangre de Cristo que nos cubre y nos limpia, estuviéramos perdidos.

Además, si somos sinceros, admitiremos que la mayoría de nosotros somos controlados, de una forma u otra, por nuestras pasiones pecaminosas. Y la Biblia dice que eres esclavo de lo que te controla (2Pedro 2:19). No importa que tan 'libre'

te sientas. También, recuerda que aunque *pienses* que no estás haciendo nada malo, nuestro pecado fundamental, como seres humanos, es el rechazar a Jesús, el Salvador (Juan 16:9).

Pero cuando ponemos nuestras vidas en manos de Dios, Él puede usar las cualidades que nos dio para lograr Sus propósitos. Así como una máquina funciona en óptima condición cuando se usa según las indicaciones del fabricante, nuestras vidas funcionan de la forma más eficiente y sin complicaciones cuando nos dejamos manejar por el Maestro. Y el resultado de esta relación nos trae paz con nosotros, los demás y con Dios, tal como Él lo planeó.

• Haz una lista de las diferencias entre la persona que eres en casa y la que aparentas ser fuera de casa.

¿Qué pasa si no nos confesamos y no nos arrepentimos?

La vergüenza y la culpa son emociones que solo nos traen pena y dolor. Así que intentamos evitarlas como muchas cosas más que nos incomodan. Pero fuimos **creados** para sentirnos culpables cuando hemos hecho algo malo. Y la culpa sana puede hacer que nos arrepintamos sinceramente y puede producir un cambio duradero.

El problema es que si pedimos perdón solo de palabra por querer quedar bien con alguien o porque nos 'pescaron' al final, esto nos lleva a la muerte espiritual (2Corintios 7:10). Esta es 'culpa malsana' y nos aleja de nuestra relación con Jesús, el Amante de nuestra alma.

Como muchas veces escondemos nuestros pecados de los demás, normalmente reprimimos en nuestro interior lo desagradable de nuestras acciones (Juan 3:18-21). Y por nuestra vergüenza nos alejamos de Dios, de los demás y hasta de nosotros mismos. Esto nos lleva a más sufrimiento y aislamiento. Entonces intentamos encubrir nuestro pecado con mentiras, disimulando como si nada anda mal. Tal vez usamos algún vicio como escape porque es muy incómodo tratar este tema y simplemente deseamos olvidar lo que estamos pasando. Lo interesante es que los estudios han comprobado que muchos males físicos y psiquiátricos están directamente relacionados con la culpa, la vergüenza y el no saber perdonar.

Veamos un ejemplo. Digamos que hiciste algo malo y tú sabes que eso podría herir a un ser querido así que le ocultas lo que hiciste. Pero con el tiempo, esa culpa que sientes por tu pecado no te permite tener una relación íntima porque el sentido de culpa te viene a la mente cada vez que estás con ellos. Te sientes como un hipócrita si los tratas bien porque sabes que no has sido un amigo fiel.

Pero si decides confesarles tu error con un pesar verdadero y te perdona, entonces se aclara el aire y puedes recuperar ese lazo íntimo. Así exactamente sucede con Dios. La confesión y el arrepentimiento son esenciales si queremos disfrutar los beneficios de una vida íntima y auténtica con Jesús (Salmo 51). Esta actitud de humildad nos guarda de no entristecer al maravilloso Espíritu Santo (Efesios 4:30).

También es importante mencionar que nuestra culpa (o falta de culpa) no siempre es un indicador confiable de una relación sana con el Señor y los demás. La culpa malsana nos puede mantener esclavizados porque nos aislamos de los demás. Por otro lado, no tener el sentido de culpa también puede distanciarnos de los demás porque constantemente estamos justificándonos e intentamos defender nuestra posición.

Los seres humanos naturalmente tienden a minimizar sus fallas; y negar nuestro pecado es algo común (Salmo 119:29). Pero a través del tiempo, la repetición del pecado sin confesar nos vuelve tan insensibles que ya no nos sentimos mal por lo que hemos hecho. Esto es exactamente lo que sucede con los que cometen delitos violentos. Aunque también existen verdaderos sicópatas – aquellos que en verdad *no* tienen consciencia, estos son muy pocos. Sin embargo, para la mayoría de los que son extremadamente violentos o perversos, sus consciencias se han endurecido, se han quemado con el tiempo y son incapaces de sentir dolor o remordimiento.

Para concluir, a veces tal vez no nos sintamos mal por lo que hemos hecho. Ya no pedimos perdón porque pensamos que tenemos que 'sentirnos mal' para pedir disculpas. Pero este es el momento propicio para pedirle a Dios que cambie nuestro corazón para que SÍ nos sintamos mal por las acciones que van en contra de Sus caminos.

¡Cuidado – no te obsesiones!

Antes que te obsesiones por cada pecado que cometes, es importante entender que vamos a tener muchos tropiezos en nuestro caminar con Cristo. Tenemos que pasar por un proceso en el cual vamos madurando en el Señor y definitivamente ¡nos vamos a caer de vez en cuando! Pero solo estaremos en peligro si nos <u>seguimos rebelando</u> y nos negamos a vivir según los caminos de Dios (Hebreos 6:4-6).

La verdad es que si en realidad seguimos a Jesús, comenzaremos a demostrar una semejanza a Él. La Biblia dice que Dios no mora en nosotros y que somos mentirosos si decimos ser cristianos pero seguimos viviendo en el pecado (1Juan 2:3-6 y 1Juan 3:7-10). Nuestros pecados deben ser un problema pasajero y no algo que practicamos con regularidad.

Son las decisiones que tomamos diariamente las que marcan la diferencia entre la santidad y la maldad. Recordemos que en *cada* decisión que tomamos escogemos los caminos de Dios o nuestra propia voluntad (Mateo 12:30). La Biblia dice que solo hay *dos* campos – el de Dios y el del diablo. NO HAY terreno neutral (Juan 8:42-47). Tenemos que ser muy cautelosos porque si escogemos llevar un *estilo de vida* pecaminoso después de aceptar a Cristo, nos podemos meter en serios problemas (Hebreos 10:26-29).

Además, tal vez no vivamos una vida de 'pecado patente' – es decir como el asesinato, la mentira, el engaño, el hurto o la fornicación. Pero también están los pecados insidiosos o 'ocultos' que también nos pueden destruir, tales como: el orgullo, la rebelión, el egoísmo y la actitud. Estas son nuestras tendencias naturales – las que Dios quiere cambiar en nosotros.

Satanás siempre está cerca también. Nos provoca y nos engaña. A propósito, "el diablo me obligó a hacerlo" ¡no se encuentra en la Biblia! Es nuestra propia carne pecaminosa que nos hace impuros (Santiago 1:12-15). Pero Satanás SÍ existe e intenta usar nuestras debilidades para que hagamos lo que **él** desea o que hagamos **nuestra voluntad** en lugar de seguir los caminos de Dios.

Finalmente, es posible que confesemos y nos arrepintamos de nuestro pecado, pero nuestro sentido de culpa, a causa de nuestros errores, nos sigue comiendo por dentro. No logramos sacarlo de nuestra mente. Es entonces cuando necesitamos sumergirnos en las Escrituras, porque la Palabra de Dios transforma nuestro corazón y nuestra mente.

Leer la Biblia y obedecerla entrena nuestra mente a creer la *verdad* acerca de nuestro pecado y el perdón de Dios. Es esencial que aprendamos a tomar el control de nuestros pensamientos y emociones y someterlas a Jesús (2Corintios 10:3-5). Y aunque sí es necesario aceptar que la paga del pecado es muerte (Romanos 6:23), igualmente, necesitamos *saber* que una vez que nos perdona, ¡*somos perdonados* (1Juan 1:9)!

• Escribe algunas formas en las que estás honrando al Señor. Incluye los pecados patentes al igual que las actitudes que no son tan evidentes (el orgullo y el egoísmo etc.)

¿Cómo hago para arrepentirme?

¿Cómo identificamos nuestro pecado? ¿Cómo podemos vencer las actitudes y comportamientos que están ahogando nuestra vida? Todos sabemos que es fácil ver los pecados patentes que cometemos. Pero muchas veces, no queremos ver en nuestro interior para entender *porqué* seguimos tomando 'decisiones malas'.

Muchas veces tenemos la voluntad de seguir a Dios pero nos cuesta trabajo. Saber cómo cambiar nuestra vida. El evangelio de Juan 15:1-14 nos da un modelo a seguir que nos ayuda a cambiar nuestros pensamientos y actitudes para que *empecemos* a escoger los caminos de Dios.

La palabra que se usa en este capítulo es 'permanecer' o sea MORAR en Cristo. 'Morar' significa adherir, agarrar, aferrar, apegar, vivir, habitar, y/o residir, aceptar y consentir. Lo opuesto de morar es partir, renunciar, mudarse, evadir, removerse o alejarse.

El arrepentimiento requiere nuestra humildad. Tenemos que admitir que Dios es el único Ser perfecto y que no podemos vivir nuestra vida en la plenitud que Él desea sin Su ayuda. Nos damos cuenta de que lo opuesto al arrepentimiento es la **desobediencia.** Si somos sinceros con nosotros mismos, admitiremos que cuando vivimos en el pecado, no reflejamos la humildad y no queremos cambiar.

• Piensa en las palabras que mencionamos y compáralas a tu relación con Dios. ¿Permaneces en Él o te alejas de Él?

Podemos ver de estas escrituras que seguir a Cristo consiste en 'aceptar' Su sacrificio. Le damos el 'consentimiento' para tomar el control y el poder en nuestra vida. Nos 'apegamos' u obedecemos sus reglamentos que nos dejó en la Biblia. Seguimos Sus principios cuando nos sentimos débiles en la carne y nos tienta el pecado. Nos aferramos a Él para que nos fortalezca y nos consuele. Y le permitimos 'morar' o vivir en nuestro corazón y nuestra mente. ESTA es la esencia de la vida cristiana. Recuerda, Jesús sabe que no podemos vencer nuestras costumbres por nuestra propia cuenta. Precisamente por eso escogió morir por nosotros y decidió mandar al Espíritu Santo para que viviera dentro de nosotros (Romanos 8:1-14).

Conforme permanecemos en Cristo Jesús, Él promete cambiar los deseos de nuestro corazón para que *deseemos* vivir una vida santa (Salmo 37:3-4). Toma tiempo cambiar y madurar; por eso, si no has cambiado completamente en una semana, no pienses que Jesús no te está ayudando. Así como una semilla que se

siembra toma tiempo en dar fruto y florecer, así necesitamos estar cimentados en Su amor y Su Palabra para que con el tiempo podamos tener una linda cosecha.

Jesús también promete guiar nuestros pasos si buscamos hacer Su voluntad en TODO lo que hacemos (Proverbios 3:5-6). Y Él promete suplir nuestras necesidades si ponemos **primero** Su reino (Mateo 6:33). ¡Intercambiamos nuestros problemas por Su perfección! Él quiere tener una relación íntima con nosotros y murió para comprobarlo (Juan 3:16-17 y Romanos 5:8).

<u>¿Cómo sabemos si estamos viviendo como Dios quiere</u>?

Si pensamos que ya nos hemos 'arrepentido' pero nuestro comportamiento no ha cambiado, entonces necesitamos examinar nuestros motivos. ¿Por qué nos arrepentimos? Si nos 'arrepentimos' solo para sentirnos mejor, porque 'debemos' hacerlo, para agradar a alguien, o para evitar problemas, entonces no habrá ningún cambio en nuestro corazón ni en nuestras acciones. Y no recibiremos la bendición de una consciencia limpia porque nuestros motivos son impuros. Recuerda, Dios es Verdad y si no venimos a Él con la *verdad*, no cosecharemos los beneficios de una relación genuina con Él.

Esta es exactamente la situación de la gente que dice haber 'probado' el cristianismo pero decidieron que nos les 'funcionó' En realidad, Jesús no es el problema – la verdad es que *ellos* no le han dado la espalda a su vida anterior ni le han entregado completamente su corazón y su mente al Señor.

Tal vez tú te has arrepentido solo para hacer creer a los demás que eres una persona buena. Pero en realidad, la <u>única</u> razón válida para arrepentirnos es porque *amamos al Señor y no queremos lastimarlo.* Si en verdad Lo queremos, desearemos cambiar nuestro corazón y nuestra mente. Y Dios nos dará el poder para hacerlo por medio de Su Espíritu Santo.

Además, si otros saben que somos cristianos, pero nuestra vida está contaminada, entonces destruiremos nuestro testimonio de Jesús. No lo dudes – la gente observa a los cristianos para ver cómo actuamos. Y muchas veces les damos razones para encontrar excusas por las cuales no se acercan a Dios ni a la iglesia. Porque ven que llevamos una vida de hipocresía.

La única forma de saber si nuestro arrepentimiento es genuino es por nuestro comportamiento (Lucas 3:8-9). Debemos ver que estamos madurando en nuestras vidas si en verdad nos estamos acercando a Jesús. Solamente por el arrepentimiento es que podemos ser bautizados. Es entonces que somos perdonados y recibimos el don del Espíritu Santo (Hechos 2:38). Y lo más importante es que el arrepentimiento es necesario para poder recibir la vida eterna (Hechos 11:18).

¿Es genuino tu arrepentimiento?

Necesitamos examinarnos continuamente a la luz de la Palabra de Dios. Si 'dices' que amas a Dios pero todavía:

Tienes la mentalidad de antes

Tratas a la gente igual que antes de una manera tosca y egoísta

Estás lleno de amargura

Te niegas a perdonar

Sigues con tus adicciones

Dices groserías o usas la pornografía

Te enfureces a menudo

Practicas algún pecado sexual

entonces no te has arrepentido en realidad. Además, si eres un hijo de Dios y *sigues* negándote a cambiar, entonces estás viviendo en **rebeldía.** Y nada bueno proviene de esa actitud (1Samuel 15:22-23ª). Es interesante que aquí dice, que la rebeldía es tan grave como la adivinación porque la adivinación está rotundamente prohibida por Dios (Deuteronomio 18:9-14). El versículo 12 dice que cualquiera que practica estas costumbres será *abominable* al Señor. También nos dice que la arrogancia es como el pecado de la idolatría. Dios prohíbe terminantemente la idolatría y su gravedad es tal que son los primero dos de los diez mandamientos. Por otra parte, si realmente nos arrepentimos, veremos buenos frutos tales como:

una nueva compasión por los demás,

un corazón que se interesa por los perdidos,

una pena profunda por el pecado (Salmo 51),

repugnancia por estilos de vida inmorales,

una incomodidad cada vez más fuerte cuando pecamos

el poder para superar nuestras actitudes negativas

un gozo nuevo y profundo como resultado de vivir una vida santa
(Salmo 32)

Repito que no llegamos a este punto de un día para otro, pero debes estar seguro de que con el pasar del tiempo sí *estás* cambiando.

• Compara tus actitudes con las que mencionamos. ¿En qué se parecen? ¿Y en qué se diferencian?

¡Un cambio verdadero!

Después de confesarle nuestros pecados a Dios, debemos permitirle al Espíritu Santo que transforme nuestra mente, corazón y sentimientos para que cambie nuestra conducta. Si admitimos nuestro pecado pero no hacemos nada, pasamos por alto el propósito de la confesión. Lo bueno es que, a diferencia del mundo, ¡nosotros sí tenemos el PODER para cambiar! Aquellos que no tienen a Dios intentan cambiar y se mudan de vivienda, modifican sus costumbres y comportamiento, leen libros de autoayuda, se unen a grupos malsanos de apoyo, o buscan nuevos amigos o empleos para salir de la situación en la que se encontraban. Pero sus problemas los siguen porque no pueden cambiar sus VERDADEROS deseos. ¡Solamente el Espíritu de Dios puede cambiarlos!

Eso no quiere decir que el querer mejorar por nuestra cuenta está mal. Y ciertamente, necesitamos el apoyo de otros cristianos sanos que están madurando. Pero si esperamos que otra cosa cambie nuestros deseos impuros en lugar del Espíritu del Dios viviente, entonces nos engañamos a nosotros mismos y nos exponemos al fracaso y a la desilusión (Deuteronomio 8:18; Colosenses 1:11-14; 2Pedro 1:3-9).

¡Pero no necesito que Dios me ayude a cambiar!

Esto tal vez te haga pensar en aquellas personas que parecen haber 'cambiado' *sin* tener a Dios en su vida. Quizás te preguntes si realmente es necesario tener una relación con Dios para poder cambiar. Tal vez conoces a alguien que usaba drogas y que de repente las dejó por completo. O posiblemente conoces a una persona que era promiscua y decía groserías, pero ahora ha madurado, tiene una familia y ya no actúa así.

La verdad es que la gente que cambia sin la ayuda de Dios puede cambiar su comportamiento, pero hay una diferencia entre modificar nuestro comportamiento y un cambio de corazón verdadero y profundo. A veces cambiamos porque vamos madurando y otras veces nos esforzamos por cambiar. Estos son cambios físicos y mentales, son 'cambios activos'.

Pero el comportamiento que cambiamos sin la ayuda de Dios no dura mucho, o lo haces sin mucho gozo. *Recuerda que podemos cambiar nuestro comportamiento pero no podemos cambiar nuestros deseos sin la intervención de Dios.*

Sin embargo, cuando Dios nos ayuda, los deseos de nuestro corazón cambian y empezamos a desear las cosas que Dios quiere para nosotros y experimentamos un poder sobrenatural que es mucho más poderoso que el nuestro. Cuando vivimos con esta motivación es más fácil vivir conforme a los caminos del Señor. Y veremos que no obedecemos simplemente por *compromiso.*

He oído a mucha gente decir, "Yo hubiera hecho cualquier cosa por conseguir esa droga o a esa persona antes de conocer a Jesús. Pero ya no deseo esas cosas en mi vida". Este es el milagro que Dios hace en nuestras vidas. Conforme seguimos viviendo en el poder y la sabiduría de Dios, encontraremos una nueva paz, porque estamos obedeciendo la voluntad del Señor con todo nuestro corazón, nuestra mente y nuestras fuerzas - ¡y con gozo!

Es más, si rechazamos a Dios, le estamos cerrando la puerta a Quien nos creo. Mucho de nuestro ser es espiritual y estamos ignorando una gran parte de esto si sacamos a Jesús de nuestra vida. Y si decidimos despertar nuestra parte 'espiritual' con algo o cualquier cosa que no sea Dios Padre, Dios Hijo y Dios Espíritu Santo, entonces nos prestamos a actividades demoníacas en nuestra vida. Puede ser que esto te asombre y digas, "¡Yo no me meto con Satanás!" Pero la verdad es que *solo* hay dos campos – el del diablo y el de Jesucristo (Juan 8:42-47).

También debes estar consciente de que hay varios grupos religiosos que dicen ser cristianos. Sin embargo, no creen que **Jesús es Dios**. ¡Este es el fundamento de nuestra fe! Puedes distinguir quien es un cristiano genuino de uno falso por lo que creen acerca del hecho esencial de la deidad de Jesús (Juan 1:1-5 y versículo 14. Juan 14:9-11, Efesios 1:19-23; Filipenses 2:5-11, Colosenses 1:15-20 y Hebreos 1:2-3).

Jesús mismo dice "Yo soy el camino, la verdad y la vida; nadie puede ir al padre si no es por medio de **Mí** (Juan 14:6-7). Es esencial que entiendas y creas esto porque *esto* es lo que distingue a los verdaderos seguidores de Cristo de otras religiones o sectas. Y esta es la razón por la cual Cristo merece toda nuestra vida y adoración.

¿Cuáles son los beneficios del arrepentimiento?

Hemos aprendido que después que le damos la espalda al pecado tenemos que BUSCAR A Jesús. ¡El estar estancados no es un atributo piadoso! Cuando nos arrepentimos quedamos limpios y podemos tener una consciencia limpia, lo cual nos ayuda a purificar nuestra fe (1Timoteo 1:5). Dios quiere formar nuevas

actitudes en nosotros; confesar y arrepentirnos de nuestros pecados en realidad nos beneficia a *nosotros*. Probablemente habrás oído un dicho que dice "Tu enfermedad es tan grave como tus secretos". Y eso es absolutamente cierto en nuestro caminar cristiano.

También necesitamos la confesión y el arrepentimiento para poder adorar al Señor (Oseas 14:2 y Nehemías 9:2-3). Cuando nuestra fe es pura, podemos adorar en espíritu y en verdad, que es lo que Él desea (Juan 4:23-24).

Dios dice que Él *limpia nuestro pecado* cuando nos arrepentimos de verdad. Cuando le damos la espalda al pecado, nuestra relación con Él se restaura para que podamos disfrutar de nuevo Su presencia. Nuestro mundo busca alivio para el alma. Es por medio de una relación con nuestro Salvador, sin mancha de pecado, que recibimos este rejuvenecimiento (Hechos 3:19-20).

Y no te olvides que en el cielo hay *alegría* cuando un pecador le entrega su vida a Cristo (Lucas 15:8-10). Imagínate la escena – ángeles cantando y riendo porque UNA persona entregó sus deseos, motivos, sueños, temores, su corazón y su mente a la voluntad de Dios.

• ¿Has tenido el placer de sentir la libertad y el gozo que acompaña el perdón de tus pecados? Escribe un ejemplo.

Las herramientas del oficio

Leer y *obedecer* la Biblia es uno de los recursos más eficaces que necesitamos para adquirir la dirección, el poder y la motivación para dominar nuestro pecado (Santiago 4:17). La Palabra de Dios es sobrenatural y nos permite tener un entendimiento profundo de nosotros mismos el cual no podemos encontrar en libros de autoayuda ni en otras personas. Nos da discernimiento para poder reconocer nuestros motivos – es decir, lo que realmente se encuentra en nuestro corazón y nuestra mente. Y lejos de la creencia que somos básicamente 'buenas' personas, Jeremías 17:9 dice que el corazón humano es **engañoso y perverso**.

Muchas veces ¡ni *nosotros* mismos podemos entender porqué actuamos en cierta forma! Pero la Biblia es VIVA y poderosa y explica nuestra condición muy bien (Hebreos 4:12). La Palabra escrita de Dios nos pone al descubierto tal y como somos en realidad. Nos indica lo que está mal en nuestra vida, nos enseña lo correcto y nos da el poder para cambiar por medio del Espíritu de Dios (2Timoteo 3:16). Y por supuesto la oración es otra herramienta vital que debemos usar constantemente para seguir conectados a la 'fuente' de nuestro poder, el Señor. Leemos en 1Tesalonisences 5:17 que nunca debemos dejar de orar. Esto no significa que tenemos que estar de rodillas las 24 horas del día, sino más bien que debemos tener en mente al Señor todo el día. Cuando tenemos preguntas, preocupaciones o temores, le pedimos sabiduría, dirección y consuelo. Cuando nos sentimos de maravilla y confiados, oramos agradeciéndole al Señor. Y cuando nos sentimos débiles, desubicados o confundidos, le pedimos poder, estabilidad y confianza. En realidad, sí *podemos* orar todo el día.

La última herramienta esencial en nuestro arsenal espiritual es nuestra decisión de pasar nuestro tiempo con aquellos que viven vidas piadosas. Aunque una persona se 'considere' cristiana, si chismorrea, miente, es quejumbrosa o practica algún pecado sexual, es una mala influencia al igual que un no-creyente.

La Biblia también dice que el que echa de menos su vida anterior no es apto para el reino de Dios (Lucas 9:62). Si intentamos dejar un pie en el pasado y poner un pie en el reino, *seguro* que fallaremos en nuestro caminar con el Señor (Santiago 1:5-8).

Si usamos estas tres herramientas básicas – la Biblia, la oración y la comunión con hermanos cristianos maduros – entonces podremos cultivar una relación íntima, profunda y duradera con el Señor. Y si logramos esto, nos será más fácil dominar el pecado.

• ¿Estás usando algunas de las herramientas que mencionamos aquí? ¿Estás dispuesto a disciplinarte para usarlas?

No te dejes engañar

Vale la pena repetir – aun aquellos que dicen ser cristianos podrían estar viviendo una vida impura. Si tus amigos 'cristianos' están viviendo una vida inmoral, entonces aléjate de ellos (Proverbios 1:10 y 4:4-15). Y cuídate tú – Jesús dice que un cristiano a medias es peor que uno que fríamente lo rechace por completo (Apocalipsis 3:15-16). La palabra griega que usan en este versículo traducida 'escupiré' literalmente significa **vomitar**. Eso me asusta.

Dios no puede usar a los que se 'llaman' por Su santo nombre, pero que viven igual que todos los demás. Ellos carecen del poder para representar lo justo. Estas personas no se han arrepentido verdaderamente (no le han dado la espalda al pecado y no se han entregado por completo a los caminos del Señor) y lo peor es que alejan a otros de la fe (Mateo 18:2-6).

La Biblia dice que puedes identificar un árbol por su fruto (Mateo 7:15-20). Los versículos que le siguen también nos dan una advertencia (Mateo 7:21-23). Si otros no pueden ver nuestra fe por nuestras acciones, entonces nuestra fe está muerta (Santiago 2:14-25). Dios nos llama a la obediencia *activa*, y si hacemos lo que nos pide, Él promete darnos el deseo y el poder para hacer Su voluntad (Filipenses 2:13). Pero es *nuestra* decisión. La obediencia y la santidad comienzan con nuestra propia decisión.

En resumidas cuentas, si elegimos continuar en una relación *íntima* con aquellos que no demuestran amor, alegría, paz, paciencia, bondad, gentileza, fidelidad, humildad y control propio (Gálatas 5:22-23), entonces hay más probabilidad que nuestra vida cristiana sea impotente y lo más seguro es que nos alejaremos de nuestra fe por completo antes de persuadirlos a ellos a vivir una vida justa para Cristo (2Pedro 3:17-18 y Apocalipsis 2:4-5). Aunque sí debemos acercarnos a los no creyentes para hablarles de Dios, la mayoría de nuestro tiempo lo debemos compartir con aquellos que viven una vida cristiana auténtica.

El secreto para sentirse realizado

Dios nos creó con un espacio en el alma que solo Él puede llenar. Por eso nos sentimos vacíos cuando hemos gastado toda nuestra energía queriendo obtener la paz y el gozo. Tenemos la tendencia en nuestra cultura de andar a la carrera haciendo miles de cosas pero nos cuesta mucho trabajo sentarnos y estar quietos. La Biblia nos dice cómo vivir una vida con propósito y esperanza pero requiere que pasemos tiempo a solas con Dios. Necesitamos solitud y silencio para poder leer la Biblia y escuchar lo que Dios quiere decirnos.

Si nos disciplinamos de esta manera, nuestra mente comenzará a entender las cosas de Dios. Nos daremos cuenta de la forma en que Él nos va guiando cada día. Si somos obedientes a lo que aprendemos cuando estamos en silencio, nos llenará de satisfacción y una paz que nunca antes hemos sentido. Recuerda que este tipo de obediencia NO es religiosa, ni es automática como robot. Cuando permanecemos en Cristo, él se convierte en nuestro amigo y maestro confiable. Cuando nos enamoramos de Él, *deseamos* Su voluntad por encima de la nuestra.

Tenemos que evaluar nuestra propia vida ¿nos estamos alejando del gran poder salvador de Cristo al desobedecerle una y otra vez? ¿Te estará pidiendo Dios que cambies algo en tu vida y tú tercamente te niegas a hacerlo? Por favor reconoce que tu corazón se endurece más CADA vez que niegas Su verdad. El verdadero peligro es que le darás la espalda a Dios por completo. Y esto hará que lo culpes a Él en vez de admitir que fue tu propia terquedad y orgullo que no te permitieron someterte a Su autoridad.

¡No somos perfectos! Pero debemos ir dejando nuestros pecados conforme nos los revela. Debemos ir detestando lo que tenemos por dentro que NO es como Jesús. Debemos ir sintiendo más amor por nosotros mismos porque fuimos creados a Su imagen. ¡Debemos estar en un proceso *diario* de eliminar nuestra vieja conducta! Esto ocurre conforme se transforma nuestra mente mediante la Palabra de Dios (Romanos 12:2), la oración y la comunión con cristianos que 'predican con el ejemplo'. Con el tiempo maduraremos en el Señor y ya no seremos 'como niños' (1Corintios 3:1-3 y Hebreos 6:1). ¡Reconoce que tu forma de hacer las cosas no funciona! ¡Nunca funcionará!

Mi ferviente deseo y mi petición en oración es que realmente le admitas todo a Dios. Dile que eres débil. Cuéntale tus pecados y tus luchas. Pídele que te dé un corazón blando y obediente. Él nunca rechaza esta actitud piadosa (Salmo 51:17). Le puedes pedir en oración que te dé el deseo de cambiar y vivir conforme a Sus caminos. Nunca es demasiado tarde y no hay nada tan terrible que hayas hecho que Dios no pueda perdonar. Puede ser que la eternidad no te parezca gran cosa ahora pero no querrás darte cuenta que elegiste mal cuando estés frente a Dios el día del juicio. Ayúdanos Señor a alejarnos de nuestro pecado y a acercarnos a Ti.

¡<u>Hoy</u> es el día de arrepentirse!

EL ARREPENTIMIENTO

REFLEXIÓN

1. ¿Qué es el arrepentimiento?

2. ¿Cómo sabes si alguien en verdad está arrepentido?

3. ¿Cuáles son algunos de los ídolos en tu vida? (Cosas que pones por encima de Dios y Su reino. Estas pueden ser la comida, la televisión, tus hijos, tu cónyuge, el dinero, el trabajo, etc.)

4. ¿Qué pasa si no nos arrepentimos?

5. ¿Qué impide tu arrepentimiento verdadero?
    ¿el temor?
        ¿el orgullo?
            ¿la terquedad?
                ¿la flojera?
                    ¿la falta de perdón?

6. ¿Qué planeas hacer para acercarte más a Dios? (Santiago 4:8)

NOTAS

EJERCICIOS PARA REFLEXIONAR

Lo que sigue es una hoja de ejercicios para ayudarte a definir las áreas en las que debes arrepentirte. Rellena la hoja lenta y detenidamente y en oración. Solo necesitas responder a lo que se aplica a tu vida. También puedes escribir lo que se te venga a la mente cuando leas cada oración, aunque no se relacione completamente con tu situación. Y aunque algo *aparente* no tener que ver contigo, pídele a Dios que te revele cualquier intención o motivo oculto que tengas en el corazón. Después pídele que te ayude a enfrentar y a vencer estos asuntos en tu vida.

Señor, me arrepiento de: (Esto puede ser pecados obvios como la bebida, la inmoralidad sexual, la mentira o el engaño)

Me arrepiento de: (Esto puede ser pecados menos obvios como el orgullo, el egoísmo, el culpar a los demás, el chismorreo, el calumniar, el acaparar cosas materiales o dinero etc.)

No sé cómo arrepentirme.

No sé lo que es el arrepentimiento.

No sé de qué debo arrepentirme. Por favor muéstrame.

Ayúdame a QUERER ver mi pecado más claramente.

    Necesito arrepentirme de no querer perdonar.   Ya NO QUIERO guardar rencor hacia los que me han lastimado. Para facilitar el proceso, comienza a nombrar a las personas que <u>enseguida</u> vinieron a tu mente, y luego, ora acerca de las personas en tu pasado que no has querido recordar porque es demasiado doloroso.

Necesito arrepentirme de juzgar a los demás.

Necesito arrepentirme de malgastar mi tiempo.

Necesito arrepentirme de dedicar tiempo solo para mí.

Necesito arrepentirme de toda ansiedad, preocupación y/o falta de confianza en Ti.

Quiero arrepentirme de mi terquedad (querer hacer todo a mi manera).

Quiero arrepentirme de tener un corazón duro.

Necesito arrepentirme de mi orgullo (pensar que mi manera siempre es mejor que la Tuya y la de los demás).

Necesito arrepentirme de mi temor (tengo miedo dejar de controlar).

> Le temo al futuro
>
> Le temo a Dios
>
> Me temo a mí mismo

Señor, aún no te conozco muy bien y no me siento capaz de confiarte todo completamente.

No entiendo Tus caminos y les tengo temor

Necesito arrepentirme de mi desobediencia.

Necesito arrepentirme de no querer cambiar

Necesito arrepentirme de mi egoísmo

Necesito arrepentirme de detestarme a mí mismo

Necesito arrepentirme de la vida que llevaba en el pasado

> Las drogas o el alcohol que dañaban mi cuerpo
>
> La gente que lastimé a consecuencia

Necesito arrepentirme de mi actitud quejumbrosa

Necesito arrepentirme de mi falta de adoración hacia el Señor

Necesito arrepentirme de mi espíritu censurista

Necesito arrepentirme de mi falta de amor por los demás (este amor pone las necesidades de otros por encima de las tuyas. Esto no es solo con tu familia y aquellos que son fáciles de querer. Esto incluye amar a los que *no son amables* contigo. Especialmente aquellos que te incomoda ayudar).

Necesito arrepentirme de mi falta de cariño hacia la gente Señor,

Reconozco de corazón que no estoy viviendo cerca de Ti. Quiero pedirte en oración que me ayudes a cambiar. Quiero sentir el amor, el gozo, la paz, la esperanza y el propósito que tú tienes para mí. He vivido según mis propios deseos por tanto tiempo que temo acercarme a Ti con todos mis pecados y rebeldía. Y temo entregarte el control de mi vida. Por favor cambia mi corazón para que yo *quiera* estar bien Contigo.

Por favor, dame la valentía para ser sincero Contigo. Tu Palabra dice que no rechazarás a nadie que en verdad busca Tu ayuda. También dice que Tú MORISTE por mi pecado porque yo no podría pagar el precio. Ahora vengo ante Ti y te pido el deseo y el poder para acercarme a Ti y vivir en la manera que Tú deseas para mí. En el nombre de Jesús. Amén

www.ingramcontent.com/pod-product-compliance
Lightning Source LLC
LaVergne TN
LVHW081315060426
835509LV00015B/1517